· 毛泽东谈文论史全编 ·

顾　问：龙新民　郑欣淼　陈　晋　阎晓宏

评说中国古今志士仁人

MAOZEDONG PINGSHUO ZHONGGUO
GUJIN ZHISHI RENREN

毕桂发　主　编
陈锡祥　副主编

中国文史出版社

图书在版编目（CIP）数据

毛泽东评说中国古今志士仁人 / 毕桂发主编 . —— 北京 : 中国文史出版社 , 2023.12
（毛泽东谈文论史全编）

ISBN 978-7-5205-4559-4

Ⅰ . ①毛… Ⅱ . ①毕… Ⅲ . ①毛泽东著作研究②革命人物 – 人物评论 – 中国
Ⅳ . ① A841.64 ② K827

中国国家版本馆 CIP 数据核字 (2023) 第 244881 号

责任编辑：窦忠如
特约编辑：王德俊　窦广利　赵增越　张幼平　邓文华　张永俊

出版发行：中国文史出版社
社　　址：北京市海淀区西八里庄路 69 号院　邮编：100142
电　　话：010-81136606　81136602　81136603（发行部）
传　　真：010-81136655
印　　装：廊坊市海涛印刷有限公司
经　　销：全国新华书店
开　　本：787 毫米 × 1092 毫米　1/16
印　　张：9.5
字　　数：141 千字
版　　次：2024 年 1 月北京第 1 版
印　　次：2024 年 8 月第 3 次印刷
定　　价：32.00 元

总　序

2023年12月26日，是中国人民的伟大领袖毛泽东同志诞辰130周年。经过多年酝酿策划和组织编撰，我们于今年正式出版发行《毛泽东谈文论史全编》（以下简称《全编》）以示隆重纪念。

十年前，习近平总书记在纪念毛泽东同志诞辰120周年座谈会上的重要讲话中指出："毛泽东同志是伟大的马克思主义者，是伟大的无产阶级革命家、战略家、理论家，是马克思主义中国化的伟大开拓者，是近代以来中国伟大的爱国者和民族英雄，是党的第一代领导核心，是领导中国人民彻底改变自己命运和国家面貌的一代伟人。"同时，毛泽东同志又是世所公认的伟大的文学家、史学家、诗人和作家。在深入学习贯彻党的二十大精神、纪念毛泽东同志诞辰130周年的重要时间节点上，组织编撰出版这一大型项目图书，为人们缅怀毛泽东同志的丰功伟绩，学习毛泽东同志的伟人品格、政治智慧和文化思想，提供了一套非常重要的文化历史资料；对于弘扬中华优秀传统文化，学习贯彻党的二十大报告中关于"推进文化自信自强，铸就社会主义文化新辉煌"的重要精神，具有十分宝贵的启示和积极的意义。

在组织编撰这部大型项目图书的过程中，我们坚持以习近平新时代中国特色社会主义思想为指导，认真学习党中央关于历史问题的三个决议精神，特别是十九届六中全会通过的《中共中央关于党的百年奋斗重大成就和历史经验的决议》精神，对全部书稿的政治观点和思想内容进行了认真把关，使其符合三个决议精神，也符合习近平总书记十年来有关论述毛泽东同志历史功绩和毛泽东思想指导地位的重要讲话精神，以及关于学习党史国史和弘扬中华传统文化的重要讲话精神。

《全编》计 27 种 40 册 1500 万字。编撰者耗费数十年心血收集、整理、阐析、赏评，把毛泽东在各个时期的文章、诗词、书信、讲话、谈话中引用、化用、批注、圈阅、点评、编选的古今人物和文史作品，把毛泽东传记、年谱、回忆录中提及或引用和评点的古今人物和文史作品，即使片言只语、寸缣尺楮也收集入册，希望能够集散为专、分门别类，尽量避免遗珠之憾，力求内容全面系统、表述科学客观。

这部《全编》有以下几个特点：

资料齐全。毛泽东同志一生酷爱读书，可以说是博览群书、通古贯今。他曾说："饭可以一日不吃，觉可以一日不睡，书不可以一日不读。"他熟读《二十四史》《资治通鉴》等中国历代著名历史著作，熟读中国历代优秀的诗词文学作品，且不动笔墨不读书，读书时做了大量批注和圈画，还常常在自己的文章、诗词、讲话、谈话中引经据典、巧妙运用，真可谓博学约取、学以致用。这就给我们留下了浩如烟海的珍贵史料。在编著这部《全编》时，我们想最大限度地收集、整理、汇编其所涵盖的各个方面的文献史料，力争做到文献可靠、史料精准，可读性、知识性和趣味性兼具，使其成为研究毛泽东思想特别是毛泽东文化思想的重要资料。

分类精细。毛泽东同志喜欢中国古代文学，阅读、圈评了大量各类体式的文学作品，他的诗词创作尤为脍炙人口。因此，收录《全编》中关于毛泽东同志的文史资料，浩瀚如海，编撰者都进行了.认真严格的划分整理，将其分三辑，文学类就有两辑，所占分量最大。比如，编撰者将其细分为评点名诗、名词、散曲、辞赋、小说、散文、戏曲的"毛泽东同志评点中国传统文化赏析"7 种 19 册，以及《跟着毛泽东学诗词》《毛泽东诗话》《周世钊论毛泽东诗词》《毛泽东致周世钊书信手迹》与毛泽东读唐诗、宋词、元曲、古文等的"毛泽东与中国诗词曲赋"8 种 9 册。

评述允当。在这部《全编》中，编撰者将每篇作品分为毛泽东评点、人物、事件评述或毛泽东评点、原文和赏析，力求评述或赏析允妥、适当，即深刻理解毛泽东原文含义，紧扣毛泽东的评点，不作过多发挥，文字力求简明生动。同时，编撰者注重史料收集整理的文献性，兼顾知识性和趣味性，这就使得这部大型项目图书兼具很强的可读性。

这部《全编》还有一个最突出的重要特点，那就是比较集中地梳理和呈现了毛泽东同志的历史自信和文化自信。习近平总书记在纪念毛泽东同志诞辰120周年座谈会上的讲话中明确指出，毛泽东同志"是马克思主义中国化的伟大开拓者，是近代以来中国的爱国者和民族英雄"。这个评价反映在毛泽东同志学习和运用、继承和发展中华优秀传统文化方面，鲜明地体现为他的历史自信和文化自信。因此，我们认为这部《全编》的编撰出版，有益于读者更深入体会党的二十大报告论述的"坚持和发展马克思主义，必须同中华优秀传统文化相结合"的重大论断。在这部《全编》中，有关毛泽东圈阅、评点历史人物和文史作品的材料，就很具体地体现了他作为"马克思主义中国化的伟大开拓者"，是如何运用马克思主义的世界观和方法论，去激活中华优秀传统文化的；又是如何通过继承、运用和发挥中华优秀传统文化，为坚持和发展马克思主义提供深厚滋养的。

《全编》除了引用毛泽东同志的相关评点外，主要篇幅是介绍、叙述和评论毛泽东同志评点的对象即历史人物和文史作品，所引毛泽东的评点内容都出自公开的出版物并注明出处。从目前已出版的各类关于毛泽东同志的书籍来看，这是目前更加全面系统反映伟人毛泽东同志的一部大型丛书，但每册又可独立成书，以满足不同读者的阅读喜好与多样需求。当然，限于编撰者的水平和时间，这部《全编》的体例编排和文字表述等方面还有改进和完善空间，恳请专家学者和广大读者朋友不吝批评指正。

《毛泽东谈文论史全编》编委会

2023 年 12 月 18 日

目　录

岳 飞

"岳飞是个民族英雄"

岳飞（1103—1141），字鹏举，北宋相州（今河南汤阴）人。自幼家贫，但学习努力，特别爱读《左氏春秋》、吴起的兵法。他生来力气过人，能拉三百斤的强弓，和一千斤的弩弓。向周同学箭，能左右开弓。岳飞年轻时，家乡经常受金人骚扰，后来沦陷。面对国家山河破碎，家乡被占领，民不聊生，生灵涂炭的悲惨景象，岳飞组织岳家军奋起抗敌，保境安民。为了鼓励他抗击金兵，保家卫国，其母曾在他的背上刺了"精忠报国"四个大字。岳母刺字的故事，宋人笔记和野史均无记载，包括岳飞之孙岳珂所著《金佗稡编》也没有记录。岳飞背上刺字的记载始见于元人所修的《宋史》本传："初命何铸鞠之，飞裂裳，以背示铸，有'尽忠报国'四大字，深入肤理。"有一种说法是，因为"刺字为兵"的制度仍在执行，所以岳飞从军时在背部刺上"尽忠报国"四个大字。

明代表现岳飞故事的小说、戏剧如《精忠记》《武穆精忠传》《精忠旗传奇》等都有岳飞背上刺字的描写，刺字版本不一，流传最广的则是"精忠报国"。有学者认为，此时的"精忠报国"四字是混淆了宋高宗御赐"精忠岳飞"四字而产生。

始修于明代的《唐门岳氏宗谱》说"尽忠报国"四字是姚氏于靖康初年为岳飞所刺，但《宗谱》晚出，此事的真实性仍有待考证。"岳母刺字"的演义故事则最早见于清抄本《如是观传奇》与杭州钱彩评《精忠说岳》，《说岳》中的岳母刺字故事影响广泛，一直流传至今，成为一段脍炙人口的佳话。

1906年，毛泽东就读井湾里私塾，老师是毛宇居。"当毛泽东识的字足够他看一些简单故事书时，他便弄到一本他大致能看明白的小说。在他住的那个小村里，书是极少的。大家都爱看的正好是《水浒传》和《三国演义》这两本小说。前者讲的是一百零八将聚义的壮举，后者讲的是三国打仗的故事。毛泽东对这两本书入了迷。在农忙中农，一有空闲，他就去读这两本书。"

毛泽东1836年同斯诺谈话时说："我读过经书，可是并不喜欢经书。我爱看的是中国古代的传奇小说，特别是其中关于造反的故事。我读过《岳传》《水浒传》《三国演义》和《西游记》等。那是我还很年轻时候瞒着老师读的，老师憎恨这些禁书，并把它们说成是邪书。我经常在学校读这些书，老师走过来的时候就用一本经书把它们盖住。大多数同学也都是这样做的。许多故事，我们几乎都可以背出来，而且反复讨论过许多次。关于这些故事，我们比村里的老人知道的还要多些。他们也喜欢这些故事，而且经常和我们互相讲述。我认为这些书对我的影响大概很大，因为这些书是在易受感染的年龄读的。"（《毛泽东1936年同斯诺的谈话》，人民出版社1979年版，第8—9页）

谈话中所说的《岳传》，即《说岳全传》，全称《精忠演义说本岳王全传》，清钱彩综合史载和民间传说中有关岳飞的素材写成，共20卷，80回。

在家乡韶山冲读私塾时，少年时代的毛泽东，就看过根据明代人熊大木的岳飞评话改编的《精忠说岳全传》。当时，毛泽东常去附近李家屋场李漱清处求教。李漱清出洋留过学，见多识广。毛泽东曾向他谈过读《说岳全传》的见解：牛皋比岳飞有气魄，岳飞比不上他。岳飞明明知道秦桧要加害他，却偏要跑到风波亭去送死；牛皋的胆子大得多，他敢于召集人马，上太行山落草，造皇帝老子的反。显然，《说岳全传》给少年毛泽东留下了深刻印象。

后来，毛泽东很爱看岳飞题材的戏。据毛泽东的警卫员陈昌奉回忆：1933年，毛泽东在瑞金观看京剧《岳母刺字》后，说："岳飞是个民族英雄，他精忠报国，全心为民，抵抗外军侵略……我们要向他学习。"抗战时期在延安，毛泽东几次观赏由田汉编剧、延安评剧院巡回演出的全本《岳飞》。

1938年8月，毛泽东在延安抗日军政大学的一次演讲中说：李逵什么也没有学，仗打得很好；岳飞也不是什么地方毕业。陈胜、吴广、石达开、杨秀清都是农民出身。（陈晋：《毛泽东的文化性格》，中国青年出版社1991年版，第218页）用李逵、岳飞的事迹勉励学员要自学成才。

针对国民党顽固派的消极抗日，毛泽东在延安的另一次讲话中，谈到当时整个中国的形势时说："中国历朝以来的政治路线和组织路线，有两条，一条是正当的，另一条是不正当的。如果朝廷里是贤明皇帝，所谓"明君"，就会是忠臣当朝，这就是正当的，用人在贤；昏君，必有奸臣当朝，是不正当的，用人在亲，狐群狗党，弄得一塌糊涂。宋朝徽、钦二帝，秦桧当朝，害死岳飞，弄得山河破裂。历来有这两条路线。组织路线，即干部政策，是随着政治路线改变的。我们要讲正派路线，反对历朝的不正当路线。"（陈晋：《毛泽东之魂》修订本，中央文献出版社1997年版，第367页）

毛泽东还非常注意用中国历史上投降派和抵抗派的故事对人们进行思想教育。1939年1月17日，他在关于研究中华民族史复陕北公学何干之教授的信中说："如能在你的书中证明民族抵抗与民族投降两条路线谁对谁错，而把南北朝、南宋、明末、清末一些民族投降主义者痛斥一番，把那些民族抵抗主义者赞扬一番，对于抗日战争是有帮助的。"就这个问题，他在延安抗日军政大学的一次演讲中，特别提倡若干历史人物干到底的英雄气节，他说："多少共产党人被杀头，还是威武不能屈。但尚有一部分叛徒起先信仰马克思主义，而且做工作，但一旦威武来了，就屈服，带路杀人，什么都做。一种人被捉了，要杀就杀，这种英雄的人，中国历史上很多，有文天祥、项羽、岳飞，决不投降，他们就有这种骨气。那些叛徒就没有这种骨气，所以平素讲得天花乱坠，是没有用的。"

1958年，毛泽东在几次中央会议上提到破除迷信时，都讲到岳飞，说："岳飞建立岳家军时只二十几岁。"

1960年3月19日，毛泽东在上海请工人代表和市委领导人一起在锦江小礼堂看戏，其中就有折子戏《岳母刺字》。当舞台上岳母在儿子脊背上刺了"精忠报国"四个大字时，毛泽东情不自禁地从大沙发上站起身来，热烈鼓掌。重新入座后，他又侧身问上海联华钢厂厂长孔令熙："这个戏你看过吗？"且深情地说："中国像这样的母亲有千千万万呢！"

一、"岳飞是中国历史上一个伟大的爱国英雄"

（一）廉洁奉公

说起岳飞的"廉洁奉公"，让人不由得想起他的至理名言："文官不爱钱，武官不惜死，不患天下不太平。"因为这句话是他一生的真实写照。

宋徽宗赵佶宣和四年（1122），十九岁的岳飞怀着保家卫国的满腔热血奔赴了抗金前线，在此后近二十年的戎马生涯中，岳飞南征北战，参加和指挥了数百次战斗，他总是身先士卒，屡立奇功，为保卫和巩固南宋的江山社稷立下了汗马功劳，很快便成为南宋的一名高级将领。当时，与他同朝的其他将领在杭州都有豪华府第，唯独岳飞没有，高宗表示也要在杭州为岳飞修建一座上等宅院，岳飞知道后，立即上书辞谢说："北虏未灭，臣何以家为？"

岳飞立身廉洁，为官清正，这是众所周知的，可至于他廉洁到了什么程度，史书《金佗粹编》中是这样记述的：岳飞生活俭朴，不经商，不广置私产，虽然身居显位，却不纳妾，甚至连一个使女丫鬟也没有。每次朝廷给他的犒赏，他总是如数分配给部下，从不私藏一分一毫。一次，部队给养匮乏，岳飞就将朝廷赏赐给他个人的物品全部变卖，来解决军中急需。

在封建社会，做官的有几个不想光宗耀祖，封妻荫子，享受荣华富贵？而像岳飞这样廉洁奉公，不谋私利，严于律己，不贪功名的又能有几人呢？南宋诸大将无不豪富，张俊为防盗，铸一千两一个的大银球，称为"没奈何"，堆满大屋，退休后尚有每年六十万石租米的收入。三十二岁就任节度使的岳飞，每月的俸禄超过宰相，可在他被害后，全部家产被没收，却没有一件真正值钱的东西，只有一些书卷、字画和赏赐品，这与那些有着豪华住宅、妻妾成群、家私万贯，而且还享受着种种特权的其他将领相比，真是天壤之别！岳飞的总家产只有三千贯（约合两千多两银），且其中含有数千匹麻布和数千石粮米，显然也是准备用于军队的，大奸臣秦桧对此难以置信。二十年后，岳飞这起冤案昭雪的时候，宋孝宗了解到实情，也为岳飞的清贫而感叹不已。

岳飞与士卒同甘共苦，吃得一样，住得一样。部队补给艰难时，则"与士卒最下者同食"。有一次岳飞受地方官招待，吃到"酸馅"（一种似包子的面食）这种在官员富商们看来很普通的食物时，不仅惊叹道："竟然还有这么美味的食物。"便特意带回去与家人共享。

南宋诸将中，唯有岳飞坚持一妻，且从不去青楼纵欲。大将吴阶曾花两千贯买了一名士人家（读书人家）的女儿送给岳飞，岳飞以屏风遮挡说道："我家的人都穿布衣、吃粗食，娘子若能同甘共苦，便请留下，否则，我不敢留你。"女子听了窃笑不已，显然不愿意。岳飞便遣人送回。部将谏阻说不要伤了吴阶的情面，岳飞说："而今国耻未雪，岂是大将安逸取乐之时？"吴阶得知后更加敬重岳飞。

岳飞在重兵在握、威震四方的腾达之时，一直保持廉洁奉公的美德。全家均穿粗布衣衫，妻子李氏有次穿了件绸衣，岳飞便道："皇后与众王妃在北方（靖康之难时被金兵俘虏）过着艰苦的生活，你既然与我同甘共苦，就不要穿绸布衣了。"自此李氏终生不着绫罗。战时，南宋对军队犒赏极厚，岳飞从来不取一文，全部分给将士。有次一名部将贪污赏银，立斩。

岳飞提出的"文臣不爱钱，武臣不惜死，天下太平矣"堪称封建社会官吏的行为典范，他廉洁自律的高尚品德也受到后人的景仰。

（二）严以律子

岳飞对子女教育很严，要求他们每天做完功课后，必须下地劳作。除非节日，否则不得饮酒。宋时有"任子恩例"，官员品级越高，子女可享受的官阶越高，次数越多。岳飞勉励儿子们"自立勋劳"，仅用了一次"恩例"，还是为被秦桧迫害致死的老上级张所之子张宗本而用。而岳云屡立殊勋（多次战斗中"功第一"），岳飞却多次隐瞒不报。

岳云，岳飞长子，字应祥，号会卿，宋徽宗赵佶宣和元年（1119）六月初五日生于河南汤阴县，是中国历史上有名的少年将军。因为金兵的侵略烧杀，岳云从小与父母分离，颠沛流离中目睹了金兵的恶行和宋人的困苦，在祖母教育下，立下保家卫国的大志。十二岁时岳云从军，被父亲岳飞编入其部将张宪的队伍中，当一名小卒。他旦夕勤学苦练，可谓文武双全，大有乃父之风。

有一次，小岳云与将士一起骑马进行爬山练习，不小心因马失前蹄而摔倒在地。父亲岳飞见了大怒，并指责岳云说："这全是平日练习不认真造成的，如果是在战场上，岂不误了国家大事？"当即下令将他推出去斩首。众将士急忙求情，念其年幼，岳飞最后还是下令将岳云打了一百军棍。从此岳云更加刻苦练习，练就了一副钢筋铁骨。

宋高宗赵构绍兴四年（1134），十六岁的岳云随父出征，去收复被金人占领的随州、邓州等地。在这次战斗中，岳云手持铁锥枪，冲锋在前，勇不可当，第一个登上久攻不克的随州城，后又随军北征，收复了邓州。从此，军中皆称他为"赢官人"（官人为宋代对男子的尊称，"赢"此指常胜不败的意思）。

此后岳云成为背嵬军最重要将领之一（背嵬军：岳飞亲兵，岳家军精锐，以八千余名骑兵为主，战斗力极其强悍）并任机宜文字（主要负责机密文字记录，是一支军队的重要文职），在历次对金对伪齐作战，以及剿灭杨幺、安定后方等战斗中屡立大功，却多次被父亲隐瞒不报，岳云毫无怨言。为此，张俊说："岳侯避宠荣一至此，廉则廉也，然未得为公也！"岳飞答道："父之教子，怎可责以近功？"又说："正己而后可以正物，自治而后可以治人，若使臣男受无功之赏，则是臣已不能正己而自治，何以率人乎？"

绍兴七年（1137），金兀术率军南侵，以本族精锐在郾城（今属河南省漯河市）与岳家军大战。岳云身先士卒，率背嵬军骑兵冲撞敌阵，挫敌锐气，又反复冲杀，为这场重要的主力决战获胜立下大功（此战是中国历史上少有的大规模骑兵"遭遇"战，更是少有的平原野战中，农耕民族步骑混编击败数量优势的游牧民族骑兵精锐的战例）。

郾城大败后不久，金兵获得增援，以十万众改攻颍昌（今河南许昌），岳家军守军约三万。岳飞预先令岳云率部分背嵬军驰援，当日岳云率军在金兵阵中来回冲杀数十次，杀得人成血人，马成血马。因金兵数量远胜，主将王贵一度怯战欲退，为岳云坚拒。鏖战半日后，金兵士气低迷，岳家军留守部队五千人趁势开城杀出，一举击溃金兵。此战诛杀了金兀术女婿夏金吾，还生擒金军大小首领七十八人，杀死敌军、缴获军器等不计其数。

郾城等战后，金兀术大为震惊，仰天长叹道："岳少保以五百骑破吾五十万众，撼山易，撼岳家军难！"

绍兴十一年（1141），岳云被奸臣秦桧诬陷，与父和张宪同时被害于杭州西湖，死年岳云仅二十三岁。

绍兴三十年（1160），宋孝宗为岳飞父子平反昭雪后，岳云附葬在杭州西霞岭下。其后宋孝宗追授岳云为安远军承宣使、武康军节度使及安边将军等职，并追封为继忠侯。

1952年，毛泽东在山东、河南视察黄河，从郑州返京途中，特地在岳飞故里汤阴车站下车，在月台上仔细观看矗立在那里的《岳武穆故里碑》，并在碑前留影。碑文大致是据《宋史·岳飞传》改写的，字数很多，但他仍颇感兴味，从头到尾耐心地念完，表达对岳飞的敬仰。汤阴县县长王庭文汇报说："据我们所查，岳飞后代没有一个当过汉奸的。"毛泽东听后高兴地说："很好，很好，岳飞是个好人，岳家没有一个当汉奸的，都保持了岳飞的爱国主义气节。"

（三）文采横溢

岳飞的文才自不必说，数十首诗词足以说明。除此之外，他爱好读书，书法颇佳，时人称"室有邺架""字尚苏体"（邺架，形容藏书极多；苏体，苏东坡书法甚好，岳飞学的便是苏体）。他还爱与士子、文人交往，"往来皆高士"。

在毛泽东眼中，岳飞还是一位优秀的诗人。他对岳飞流传下来的为数不多的几首诗词，口诵手书，十分喜爱。从他让浙江省公安厅厅长王芳背诵的岳飞名作《满江红·怒发冲冠》，已看出他的熟悉和喜爱。《满江红》原诗是这样写的：

怒发冲冠，凭阑处潇潇雨歇。抬望眼仰天长啸，壮怀激烈。三十功名尘与土，八千里路云和月。莫等闲白了少年头，空悲切。

靖康耻，犹未雪；臣子恨，何时灭？驾长车踏破贺兰山缺。壮志饥餐胡虏肉，笑谈渴饮匈奴血。待从头，收拾旧山河，朝天阙。

《满江红》是一首洋溢着爱国豪情的战歌。上阕抒情，抒写作者艰苦卓绝的战斗历程；下片言志，抒写作者洗刷国耻、重整河山的雄心壮志，表现了一种大无畏的英雄气概。千百年来，激励着中华民族的爱国热情，对后世产生了深远的影响。毛泽东还手书过这首词。而且他在1966年6月写的《七律·有所思》诗中"凭阑静听潇潇雨"，显然是由岳飞《满江红·怒发冲冠》词中"凭阑处，潇潇雨歇"点化而来。

毛泽东对岳飞的另一首词《小重山·昨夜寒蛩不住鸣》也非常看重，在阅读时密密地加了圈点。这首词是这样写的：

昨夜寒蛩不住鸣，惊回千里梦，已三更。起来独自绕阶行，人悄悄，帘外月胧明。

白首为功名，旧山松竹老，阻归程。欲将心事付瑶琴，知音少，弦断有谁听。

《小重山》和慷慨激昂的《满江红》（怒发冲冠）风格截然不同，上片寓情于景，写作者思念中原、忧心国事的心情；下片直抒胸臆，写收复失地受阻、心事无人理解的苦闷。全词多用比喻和典故，曲折地道出心事，笔调沉郁蕴藉，意象清冷，极尽变幻，抒发了抑郁难申的爱国情怀。当代词学家缪钺教授《灵溪词说》中评岳飞词绝句云："将军佳作世争传，三十功名路八千。一种壮怀能蕴藉，请君细读《小重山》。"可谓一语中的。

岳飞的《池州翠微亭》《送紫岩张先生北伐》两首表现抗金内容的小诗，毛泽东也十分喜爱，也都手书过。池州，今安徽贵池。翠微亭，在南齐山顶，唐建。俯视清流，高爽可爱。岳飞北伐时曾至此，因有是作。全诗是：

经年尘土满征衣，特特寻芳上翠微。

好山好水看不足，马蹄催趁月明归。

另一首《送紫岩张先生北伐》原文如下：

号令风霆迅，天声动北陬。

长驱渡河洛，直捣向燕幽。

马蹀阏氏血，旗枭可汗头。

归来报明主，恢复旧神州。

紫岩张先生即抗金名将张浚。张浚，字德远，汉州绵竹（今四川绵竹）人，南宋宰相、抗金派领袖、民族英雄。宋徽宗政和八年（1118）进士，历枢密院编修官、侍御史、知枢密院事、川陕宣抚处置使、尚书右仆射同中书门下平章事兼知枢密院事都督诸路军马等职。隆兴元年（1163），封为魏国公。隆兴二年（1164）八月，病卒，葬宁乡，赠太保，后加赠太师。张浚奉命督师抗金，岳飞也率部队参加了战斗。张浚出发时，作者写这首诗，鼓励张浚收复失地，统一中国。

诗中借送张浚北伐，抒发收复中原的壮志豪情，可与《满江红·怒发冲冠》对看。

毛泽东十分推崇岳飞，从他的立身行事，我们可以看到岳飞的影响。

岳飞为了实现抗金、收复中原的志向，甘愿献出自己的生命，而毛泽东一家六位亲人为革命献出了宝贵的生命，这种献身祖国的精神是一脉相承的；岳飞"运用之妙，存乎一心"的观点，成了毛泽东军事理论中"灵活性"的注脚；岳飞视死如归的大无畏英雄气概，"文官不要钱，武将不怕死，天下太平矣"的名言，岳家军"撼山易，撼岳家军难"战斗力，以及"饿死不抢掠，冻死不拆屋"的严明军纪，毛泽东都予以肯定，批判地加以继承和发展，甚至在自己的诗词中化用岳飞诗词中句意，都是毛泽东受岳飞影响的明证。

当然，对于岳飞，毛泽东也没有求全责备。对于岳飞的缺点和历史局限性，毛泽东也毫不客气地指出，至少有这么几点：第一，岳飞只反对投降派秦桧等人，不反对宋高宗，对投降派的总后台宋高宗认识不清，是一种愚忠思想在作怪；第二，作为封建官僚，他率军镇压了江西、湖北两支农民起义军，是镇压农民起义军的刽子手，这是要否定的；第三，他的名言"文官不要钱，武官不怕死"，有片面性，应该是文官、武官都不要钱，又不怕死，才全面。

（四）勇冠三军

毛泽东对岳飞的军事才能评价甚高。他在《论持久战》中讲到战争的灵活性时曾说："古人所谓'运用之妙，存乎一心'，这个'妙'，我们叫作灵活性，这是聪明的指挥员的出产品。灵活不是妄动，妄动是应该拒绝的。灵活，是聪明的指挥员，基于客观情况，'审时度势'（这个势，包括敌势、我势、地势等项）而采取及时的和恰当的处置方法的一种才能，即所谓'运用之妙'。"（《毛泽东选集》第二卷，人民出版社1991年6月第2版，第494页。）毛泽东所说的古人就是岳飞。"运用之妙，存乎一心"，是岳飞对宗泽说的一句话，却概括了他对兵法精髓的把握。当时，岳飞随宗泽在黄河南岸作战，战开德，攻曹州，屡立战功。宗泽见他作战不拘常法，既佩服又担心，便对他说："尔勇智才艺，古良将不能过，然好野战，非万全策。"说罢，就把阵图交给岳飞看。岳飞看了以后说："阵而后战，兵法之常，运用之妙，存乎一心。"意思是说，先布好阵再出战，这是兵法的常规，但用兵的奥妙在于以变制变，而这又全靠军事家的运筹谋划。

那么，什么是常规呢？原来按照宋军作战成例，凡将帅出征，皇帝亲授阵图，作战时需要严格遵守，不得变更。岳飞的这一主张，一反宋军作战的惯例，切中当时宋军作战的弊端，说明了战略战术的灵活性和指挥员审时度势、机断处置的作用。这种"运用之妙"，表现在作战计划的制订、战机的捕捉和战略战术的灵活运用等各个方面。其关键在于军事家的运筹谋划。前面所述岳飞收复荆襄六郡和大战郾城、朱仙镇两次大的胜利，都是从战略全局出发，利用天时、地利、人和等条件，及时抓住战机获得的。至于战术的运用，更是因地制宜、因时制宜，千变万化。例如，岳飞大破

"拐子马"时，更是别出心裁，令步兵低头弯腰，手持大刀、长斧上阵，专砍"拐子马"的腿。这是因为"拐子马"身有铁甲防护，刀枪不入，为了便于奔跑，只有马腿外露；而且拐子马三匹连在一起，冲杀过来，就像现代战争中的坦克一样，很难抵挡。岳飞根据拐子马的这个特点，制定了专砍马腿的策略，果然奏效。因为一马被砍倒，其他两匹便不能奔跑，金兵便乱了阵脚，金兀术几十年来制胜宋兵的战术顷刻被破。

岳飞之所以能抗金节节胜利，在于他训练了一支战斗力极强的军队。这支部队人们叫它"岳家军"。"岳家军"是当时人们对岳飞率领的军队的习惯称呼，正如韩世忠率领的军队被称为"韩家军"，张俊率领的军队被称作"张家军"一般。杜充降金后，岳飞开始独立成军，在江南坚持抗金。岳飞收复襄汉六郡后，岳家军移屯鄂州，襄汉地区自此成为岳家军的主要防区。经过数次扩编，岳家军截至绍兴五年的兵力达到了三万余人。绍兴五年（1135），岳家军的规模扩大到十万人左右。这是因为杨幺军的壮丁五六万人大都编入岳家军，南宋朝廷此后又增拨了数万人编入岳家军。岳家军以后也大体维持十万左右的数量直到岳飞被宋高宗和秦桧所害。

岳家军至少有十二统制"军"：1. 背嵬军；2. 前军；3. 右军；4. 中军；5. 左军；6. 后军；7. 游奕军；8. 踏白军；9. 选锋军；10. 胜捷军；11. 破敌军；12. 水军。其中背嵬军是绝对主力，名字来自韩世忠的同名统制军；游奕是巡回的意思；踏白是武装侦察的意思；其他军名都是增长士气的军号。据绍兴九年（1139）统计，这十二军共由22名统制、5名统领和252名将官分别率领，其中有正将、副将和准备将各84名。王贵任中军统制，张宪任前军统制，这二人是岳飞的副手，可代替岳飞指挥其他统制，主持岳家军全军的事务；徐庆、牛皋和董先三人最为善战，此五人是岳家军的中坚人物。此外，岳家军中还拥有一批文官，如薛弼、朱芾、李若虚、胡闳休、黄纵、于鹏、孙革等。

岳家军曾经有神武右副军、神武副军、神武后军、行营后护军等正式军号，随着时光的流逝，人们早已忘记了这些军号，而韩家军、张家军之类的称呼也退出了历史舞台，唯有"岳家军"一词，却独享盛名，流传千古，这是历史的选择，人民的纪念。

岳飞精于各种兵器，年少时枪术就"一县无敌"，还达到了宋朝的最高射箭纪录：三石。可谓"勇冠三军"。作为统帅，岳飞的战略、战术更是高明。这里举几个岳飞大败金军的著名战役。

1. 郾城之战

绍兴九年（1139），金朝统治集团内完颜宗弼（？—1148，本名斡啜，又作兀术、斡出、晃斡出，女真族，太祖完颜阿骨打第四子，金朝名将、开国功臣）一派得势，主张再次以武力迫使南宋屈服，夺回河南、陕西。次年，金朝分兵四路，东起两淮，西至陕西，向宋发动大规模的军事进攻。宋廷被迫命令各路宋军进行抵抗。

由岳飞率领的岳家军数万人，自湖北出发，很快进入河南中部，连败金军，占领军事重镇颍昌府、淮宁府，并乘胜收复了郑州、西京河南府（今河南洛阳东）等地。岳飞还派梁兴（北宋末期晋城的一位太行忠义社首领）等人渡过黄河，联合河东、河北义军，在金的后方痛击金军，收复了不少州县。

完颜宗弼见岳家军兵力分散，又探知岳飞只带有少量军队驻于郾城，决定亲率精锐骑兵一万五千人，直插郾城，企图一举消灭岳家军的指挥中心。

七月初八，完颜宗弼与龙虎大王、盖天大王等，在郾城北与岳家军对阵。

岳飞令其子岳云率轻骑攻入敌阵，往来冲杀。

金军出动重甲骑兵"铁浮图"（铁浮图：穿上重铠，戴着铁帽子的兵，三个人一组，用皮带连起来，每进一步，便用拦马的木头环卫，只进不退）作正面进攻，另以骑兵为左右翼，号称"拐子马"（拐子马，布置在左右两翼的骑兵，全由能骑善射的女真人组成），配合作战。岳飞遣背嵬亲军和游奕军迎战，并派步兵持麻扎刀、大斧等，上砍敌兵，下砍马足，杀伤大量金兵，使其重骑兵不能发挥所长。

岳家军中的勇将杨再兴（1104—1140，南宋抗金名将）单骑突入敌阵，打算活捉完颜宗弼，杀金兵数百人。双方从下午激战到天黑，金军大败。

十日，金兵再犯郾城，岳飞在城北之五里店再败金兵，杀死金将阿李朵孛堇。完颜宗弼集兵十二万屯于临颍（今河南临颍）。十三日，杨再兴以三百骑兵出巡，在小商桥（杨再兴陵园在河南省临颍县皇帝庙乡商桥村东）与金兵遭遇，杀死金兵两千多人以及万户撒八孛堇等一百多名将领，宋军也全部壮烈战死，杨再兴所中箭镞有两升之多。十四日，张宪（？—1142，字宗本，岳飞部下抗金将领）率岳家军再战，逐金兵出临颍县界。同日，岳家军又大破进犯颍昌的金军主力。

郾城之战是宋金双方精锐部队之间的一次决战，宋军以少胜多，给金军以沉重打击。宋军如能乘胜前进，收复故疆大有希望。但宋高宗赵构和秦桧只图利用胜利作为对金乞和的资本，遂下令班师，断送了这次战争的胜利成果。

2. 颍昌之战

颍昌（治所在长社，即今许昌市）之战也是岳飞北伐最大战绩之一。

完颜宗弼得到增援，投入剩余全部主力攻颍昌府城，其中有六个万夫长，号称骑兵三万多骑、步兵十万名，绵延十多里，锣鼓喧天。

在颍昌府的岳家军共有五个军，然而除踏白军是全军外，中军统领苏坚在西京河南府，选锋军统制李道在外地，背嵬军和游奕军主力又在郾城和临颍，留驻在此的都只是一部分甚至一小部分，主帅岳飞也不在此地。颍昌府岳家军统帅王贵（？—1153，相州汤阴人，即今河南省安阳市汤阴县人，南宋抗金名将岳飞麾下中军统制，与前军统制张宪是岳飞的左右手）自己和姚政、岳云等率八百名背嵬军和一部分中军、游奕军出城决战，令统制董先率踏白军，副统制胡清率选锋军守城。

二十二岁的岳云率领八百名背嵬军，和金军主力左、右拐子马苦战几十回合，前后十多次出入敌阵，身受百余处创伤。王贵甚至有些气馁怯战，想要撤退，被岳云劝回。到了正午，守城的董先和胡清分别亲率踏白军和选锋军五千人出城增援，完颜宗弼全军溃败逃走。

颍昌之战中和岳云的八百名背嵬军交手的金国骑兵中高级军官很多：完颜宗弼的女婿万夫长夏金吾阵亡；副统军粘汗孛堇身受重伤，抬到开封府后死去；金军千夫长被格毙五人。

岳家军活捉汉人千夫长王松寿、张来孙，千夫长阿黎不，左班祇候承制田璀等七十八名敌将，金兵横尸五百余（估计共被杀五千多人），被俘两千多人，马三千多匹。岳家军随后全线进击，包围开封。七月十八日，张宪同徐庆、李山、傅选、寇成等诸统制从临颖率主力往东北方向进发，将路上遭遇的金骑数千击溃，"横尸满野"，缴获战马一百多匹。同时，王贵自颖昌府发兵，牛皋（1087—1147年，字伯远，汝州鲁山即今河南平顶山市鲁山县人，南宋抗金名将）也率领左军进军。

至此，在刘豫（1073—1143年或1146年，字彦游，永静军阜城，即今属河北人，金朝扶植的傀儡政权伪齐皇帝）的伪齐垮台后，南宋主力岳飞的岳家军和金国主力完颜宗弼的女真军第一次抛开这个垫在中间的缓冲进行了一场真正的较量。郾城之战中完颜宗弼的女真"铁浮图"全军覆没，女真左、右"拐子马"军受重创，小商河之战和颖昌之战中完颜宗弼的残余"拐子马"军损失了很多百夫长以上的女真高级军官（此前吴玠的和尚原之战和刘锜的颖昌之战虽然大胜，却没有格毙金军万夫长的报告和证据，或者俘虏金军千夫长），当时因出使金国被拘留在燕京的洪皓在家书中说："顺昌之败，岳帅之来，此间震恐。"岳飞也为捷报频传而高兴，很乐观地向部下说自己要破酒戒："今次杀金人，直捣黄龙府，当与诸君痛饮！"

无论在哪场战斗中，岳飞都是身先士卒。官职不高时自不必说，升任通泰镇抚使后，为掩护大队和百姓过江，亲率后卫死拒南灞桥头，挡住金兵唯一去路，此役岳飞身被数十创，岳家军后卫战死无数；直到死前最后一场恶战：郾城之战时，还亲率铁骑突出阵前，都训练霍坚怕有闪失，上前劝阻："相公为国重臣，安危所系，奈何轻敌！"岳飞回答："非尔所知！"见主帅亲自冲阵，岳家军士气大振，一举击破金兵。

二、"岳飞治军是有他的一套的"

（一）"撼山易，撼岳家军难"

女真族政权——金国，于靖康二年（1127）攻破北宋都城东京（今河南开封），掳去徽、钦二帝，灭亡北宋之后，继续向新建立的南宋境内进军，中原广大地区成为沦陷区，但抗金战争并没有停止。

宋徽宗宣和四年（1122），十九岁的岳飞投军，在相州带一百多骑兵剿灭一股强盗，小试牛刀。他接着到相州大元帅府去见康王（即后来的宋高宗）。康王命令岳飞去招降强盗吉清，结果吉清带着三百多人投降，补授岳飞为承信郎。岳飞跟随刘浩解除金人对东京的包围，与金兵在滑台城（今河南滑县东）作战，打得金兵大败，岳飞升为秉义郎，隶属于东京留守宗泽部。

宗泽死后，杜充继任开封府尹兼东京留守，岳飞仍任原职。

宋高宗建炎二年（1128），岳飞率部战胙城（今河南卫辉市东南），又战黑龙潭，连战皆捷。其间曾去巩县（今河南巩义）保护宋代皇陵和宗庙，大战汜水关（今河南荥阳西北汜水镇），射杀金将，大破金兵。

宋高宗赵构建炎三年（1129），金大将兀术渡江南进，岳飞移军广德、宜兴。

绍兴元年（1131），与张俊同讨叛将李成。江淮平定后，加神武右军副统制，留镇洪州（今江西南昌），镇压这一地区的起义军，授亲卫大夫、建州观察使。

绍兴二年（1132）秋，岳飞到京城临安（今浙江杭州）拜见高宗，高宗亲书"精忠岳飞"四字，制成旗赐给他。

绍兴四年（1134），大破金傀儡伪齐军，收复襄阳等六郡，移驻鄂州（今湖北武昌），任清远军节度使，湖北路、荆、襄、潭州制置使。

绍兴五年（1135），从张俊镇压洞庭湖区杨幺起义，诏命岳飞兼蕲、黄制置使，岳飞以眼病请辞军事，朝廷不许，加检校少保。岳飞还军鄂州，授湖南北、襄阳路招讨使。

绍兴六年（1136），太行山忠义社抗金武装梁兴等百余人南来归附岳飞。岳飞自鄂州移军襄阳（今湖北襄阳），进取河南、陕西许多州县，并出兵淮西，再败伪齐军，官拜太尉。

绍兴七年（1137），岳飞奉诏入京，数见高宗，论收复中原的策略。高宗对他说："有大臣如此，我还有何可忧？进退之时机，朕不从中制约。"又把岳飞召到内室，说："中兴的事，全都委托给你了。"遂诏令岳飞节制光州（今河南潢川）。

绍兴八年（1138），岳飞还军鄂州。

绍兴九年（1139），岳飞上表，其中包含和议不便的意思，有"唾手可得燕云，复仇报国"的话。授岳飞开府仪同三司，坚辞不受。高宗三次下诏，且婉言奖谕，岳飞才接受。

绍兴十年（1140），金人进攻拱州（今河南睢县）、亳州（今安徽亳州），守将告急，诏令岳飞驰援。岳飞遂派牛皋、王贵、杨再兴等人，分别控制西京、汝、郑、颍昌、陈、曹、光、蔡等地；又派梁兴渡过黄河，联络太行山忠义社抗金武装，攻取河东、河北各州县。又派兵东援刘锜，西援郭浩。他亲自率大军长驱直入，收复中原。诏授少保，委其为河南府路、陕西、河东北路招讨使，不久，改任河南、北诸路招讨使。很快，岳飞派出的兵马纷纷报捷。大军在颍昌向金军发起攻击，岳飞亲率精锐骑兵到郾城，也发起了十分凌厉的攻势。岳飞率部与金兵激战数十个回合，大破金军"拐子马"。金兀术懊丧地说："自从瀚海起兵，都是用'拐子马'取胜，现在算完了！"岳飞部大将杨再兴也在这次大战中壮烈牺牲。

在郾城连战皆捷的时候，岳飞派长子岳云驰援攻打颍昌的王贵。金兀术来攻时，王贵带领"游奕"、岳云带领"背嵬"等岳飞的亲随军，和金兀术在颍昌城西大战。岳云率领八百骑兵冲锋在前，步兵从左右两侧跟进，杀死金兀术女婿夏金吾、副统军粘罕索孛堇，金兀术落荒而逃。

与此同时，梁兴会合太行忠义军及河北、河东抗金武装，也是连战皆捷，中原为之大振。这时洛阳、郑州、中牟也为岳飞部将占领。岳飞率大军进抵朱仙镇（今河南开封朱仙镇），距离北宋都城东京只有四十五里，与金兀术列阵相对，他派猛将带领五百岳家军奋勇冲杀，金兀术逃入东京城内固守。

在岳飞正准备收复东京，北渡黄河，收复失地之时，金人加紧诱降活动。奸相秦桧想要放弃淮北之地，暗示谏官上书要前线诸将班师回朝。秦桧请朝廷下令让张俊、杨沂中等人先撤兵，然后又说岳飞孤军深入，不可久留，请高宗下令让他班师。于是，朝廷一天连下了十二道金牌，命岳飞撤军。岳飞义愤填膺，潜然泪下，面向东方（京都所在方位）再拜说："十年之功，毁于一旦。"岳飞班师，百姓拦住马头痛哭。岳飞停留五天，等待百姓南迁。

岳飞撤兵后，收复的州县，随即又被金人占领。

从上述岳飞的抗金事迹来看，在残酷的战争实践中，岳飞已经从一个尚武青年，锻炼成为了一位卓越的军事家。

作为一个卓越的军事家，岳飞那种视死如归的大无畏英雄气概，备受毛泽东称赞。1949年12月至1950年1月，毛泽东率中国党政代表团访问苏联期间，一次在和斯大林会谈时，他回忆起自己过去和国民党军队的战斗中，有一次极其危险，多次冲锋，未能冲破敌人的封锁。于是，指挥员号召战士："不畏艰险，视死如归。"前苏联翻译费德林不明白"归"的含义，请求予以解释。毛泽东说："中国字'归'，在这里不是通常的'回来''再来'的意思。在历史上，'归'的意思是'回到原本状态'。因此，这个成语应当这样理解：'藐视一切困难和痛苦，像看待自己回到原本状态一样看待死亡'。"并且进一步解释说："这是十二世纪古代中国的一位著名统帅岳飞使用过的一种说法。岳飞以抗击女真人入侵的远征而出名。"

斯大林耐心地听完毛泽东的解释和费德林的翻译，略加思索后，轻轻说道："看来这是一个天才的统帅……表现出大无畏的精神和雄才大略。"

1963年2月15日，毛泽东会见柬埔寨西哈努克亲王时，陪同的总参谋长罗瑞卿，向他汇报了西藏军区司令员张国华讲的在中印边界自卫反击作战的主要经验是"一不怕苦，二不怕死"。他听了非常高兴地说："是呀，过去岳飞讲，'文官不要钱，武将不怕死，天下太平矣。'这句话有片面性，因为他缺了一面，好像文官不要钱，但是可以怕死；武官不怕死，却可以要钱。我们解放军，则是文官既不要钱，也不怕死；武官既不怕死，也不要钱。这样岂不更好，天下岂不更太平！岳飞还有两句话，'饿死不掳掠，冻死不拆屋。'就是饿死也不能抢劫，冻死也不能拆房子烤火。看起来，岳飞治军是有他的一套的。所以，那时金兀术不怕别的，只怕岳家军。他说过：'撼山易，撼岳家军难。'"

说到这里，毛泽东加强了语气说："谁要撼我们解放军，就更加困难了，撼山易，撼解放军难。"

（二）"守死无去"

岳飞一心想收复被金朝占领的中原大地，对自己要求十分严格，又关心、爱护士兵。他领导的岳家军作战十分勇猛，从没打过败仗。岳家军将士具有"守死无去"的战斗作风，敌人以排山倒海的大力，也不能把岳家军阵容摇动。

岳家军神勇杀敌、名满天下，下面列举几位主要的将领。

杨再兴，江西吉水县人，祖居河南相州，生于宋崇宁三年（1104），死时为绍兴十年，三十六岁。自小习武，弓法神奇，幼年家境贫寒，跟随父亲打鱼为生。其祖先乃北宋世代忠良杨家将之杨继业。高宗绍兴元年（1131），曹成拥众十余万，占道州、贺州，杨再兴为曹成部将，随曹成南下，劫掠岭南。绍兴二年，岳飞权知潭州兼权荆湖南中安抚使，进讨曹成。曹成令杨再兴集三万之众以相拒，再兴阵斩岳飞将部韩顺夫及飞胞弟岳翻。后兵败，再兴匹马跃入深涧，陷于绝境。追兵张弩欲发，杨再兴急呼："愿执我见岳飞！"乃出山涧，由张宪领见岳飞。岳飞以抗金为重，将才难得，不计个人恩怨，慨然为之松绑，劝其"以忠义报国"。杨再兴大为感动，从此追随岳飞南征北战，遂成抗金名将。

郾城之战时，杨再兴单枪匹马杀入敌阵，想活捉金兀术，虽然没找到，却一杆银枪连挑数百人，负伤几十处才冲回来，往来敌阵自如，其气势逼人，杀得以彪悍著称的女真人闻风丧胆。最后，金兵受阻退兵。五日后，杨再兴率三百骑兵的小分队巡逻到临颍县小商桥时遭遇金兀术的大军。双方展开了激烈的争斗。

和杨再兴三百骑交手的金国骑兵中高级军官很多，最后被杀的包括万夫长（忒母孛堇）、千夫长（猛安孛堇）、百夫长（谋克孛堇）、五十夫长（蒲辇孛堇）等百余人。其他金兵射箭如飞蝗，杨再兴身上每中一箭，就随手折断箭杆，铁箭头留在肉中继续冲杀，最后马陷泥，终于被射死，三百将士也全部阵亡，而金军则付出更大的代价，死伤千人。杨再兴的遗体被发现后，大家发现身体上已是千疮百孔，火化以后竟烧出铁箭头两升有余。

张宪，南宋抗金名将，系岳飞部属，今四川省阆中市江南镇阆南桥村张家花园人。随岳飞征战，张宪是岳飞最心爱和倚重的将领，任岳家军同提举一行事务，前军统制。张宪从小受其父张所的影响，习文练武，六艺精熟。少怀报国之志，弱冠从军在岳飞麾下，岳飞倚为右臂。每有攻战，张宪总是率部先行，骁勇绝伦，冠于三军。曾大破曹成、郝政，平定湖北荆、襄一带的叛乱。又从金人手中收复了河南随县、邓州，以功授副都统制。

绍兴十年（1140），金人背盟入侵。同年六月，岳飞在京西大败金兵，派张宪率领所部，进击金韩常于颍昌。官兵们勇气百倍，猛打猛冲，收复了淮宁府，然后荡平陈州之敌，连战皆捷。七月，岳飞大军驻扎颍昌，命令各路统兵将官，抓住有利时机，整饬营伍，分路出击。攻势无比锐利。金兀术非常恐慌，急忙收集余众十三万余人，进犯临颍，妄想孤注一掷，以求一逞。不期，杨再兴以三百余骑与金兀术猝然相遇在小商桥地区，宋军以一当十，拼死与战，终因寡不敌众而全部阵亡，杨再兴也战死。正当金兀术趾高气扬、庆幸胜利之时，张宪率军赶到。金兵见张宪增援，闻风丧胆，八千精锐之师被张宪一鼓破之。同时，张宪的部将徐庆、李山又在临颍东北部歼敌六千，获马百匹，追击十五里。金兀术在茫茫夜色的掩护下，仓皇逃走。

岳飞大军乘胜挺进朱仙镇，离故都开封只有四十多里，中原人民为之大振，纷纷响应。就在这关键时刻，好利诬罔之徒、卖国贼秦桧，为了迎合宋高宗赵构深恐丧失权位、不愿二帝返国的私心，又屈从于金兀术"必杀飞，始可和"的要挟，竟与张俊相勾结，密谋陷害岳飞，连发十二道金牌，诏岳飞班师，饬岳飞还朝，罢岳飞兵权，并逮捕岳飞父子与张宪入大理寺监狱。

岳家军高级将领中，张宪以忠义著称，最早从岳飞征战，深得岳飞信任，是岳家军的中坚，自然会成为朝廷猜忌的主要对象。秦桧、张俊秘密收买岳飞部将中曾因过失受过岳飞惩处的王俊等人，利诱、威逼其诬告岳飞谋反，诡称岳云写信与张宪，叫张宪向朝廷假报金人入寇，请朝廷仍派岳飞统兵，以夺回兵权。这些罪状没有任何根据。他们便对张宪严刑拷打，妄想迫使张宪根据他们编造的谎言自诬，作为杀害岳飞父子的证据。张宪备受酷刑，体无完肤，始终不屈。张俊最后只好自己动手，编造供词，以告岳飞，将张宪械囚至杭州大理寺，与岳飞父子对质。万俟卨（mò qí xiè）、罗汝楫诬岳飞写给张宪等人的谋反信，已被张宪等焚毁灭证，遂绞杀岳飞。张宪与岳云一同斩首弃市。忠心耿耿为宋王朝奋斗一生的张宪，就这样含冤而死。

绍兴三十二年（1162），金人又毁约南侵，宋高宗只好禅位。宋孝宗即位后，为了抗击金人，始追复张宪为龙神卫四厢都指挥使、阆州观察使，宋宁宗嘉泰四年（1204），追赠宁远军承宣使。至此，张宪冤狱得以昭雪。到了明代，为了缅怀张宪抗击外敌的功劳和昭雪他的冤死，朝廷追谥他为烈文侯。

徐庆，相州汤阴人，从岳飞起兵，为岳家军重要将领。绍兴元年（1131）平定白波寨叛兵姚达、饶青。绍兴二年（1132）与张宪、王贵讨曹成，降其众两万。绍兴三年（1133）从岳飞平虔、吉盗贼，率本部讨彭友，又赴袁州击高聚。绍兴四年（1134）参加收复襄阳六郡战役，与牛皋等攻克随州，斩守将王嵩，又与牛皋战庐州，击败金伪联军。绍兴十年（1140）随岳飞北伐，克淮宁府，与张宪取得临颍大捷。累官防御使、岳家军统制。

王贵，相州汤阴人，从岳飞起兵。建炎四年（1130）战宜兴，败郭吉；绍兴元年（1131）随岳飞平定虔州盗贼；绍兴二年（1132）随岳飞进军郴州、桂阳监讨曹成；绍兴三年（1133）在袁州击败高聚、张成，斩获甚众。绍兴四年（1134）从岳飞战汉上，收复襄阳、邓州；绍兴六年（1136）率兵收复伪齐卢氏县、唐州，直逼蔡州。绍兴十年（1140）从岳飞北伐，克复郑州、西京洛阳，在顺昌大败金兀术。累官承宣使，提举岳家军一行事务，中军统制。绍兴十一年（1141）岳家军归隶枢密院，任鄂州御前诸军都统制。绍兴十二年（1142）引疾辞职，改侍卫步军副都指挥使、福建路副总管等闲职。

秦桧、张俊密诱因犯军律险些被岳飞斩首的主要将领王贵背叛岳家军，遭到王贵抵制，后张俊求得王贵隐私相威胁，王贵才对秦桧等打击岳家军保持沉默。

（三）"饿死不掳掠，冻死不拆屋"

1935 年 3 月 2 日，毛泽东到达四川古蔺县马蹄滩宿营，朱德向他讲了两件红军遵守纪律的事，一件是路过永营盘山的橘林，饥饿的红军秋毫无犯，在没有找到萝卜地主人时，每挖一块萝卜，就塞进一个铜板。

毛泽东听了很高兴地对朱德说："玉阶呀！《宋史》言：岳飞军，饿死不掳掠，冻死不拆屋。我们朱毛红军的纪律在井冈山是这样，到了总司令的四川家乡也是这样。"（中共四川省委党史研究室编：《毛泽东长征在四川》（修订版），四川人民出版社 2014 年版，第 49 页）

"饿死不打掳，冻死不拆屋"，是岳家军的口号，也是真实的写照。"损坏庄稼，妨碍农作，买卖不公……斩！"在古代，令出不行者斩，很多军队做得到，号称损坏庄稼、买卖不公斩的也不少，但真正做得到的，恐怕只有岳家军一支。所以，岳家军所到之处，民众无不欢欣围观，"举手加额，感慕至泣"。

三、"岳飞是个民族英雄"

（一）首次北伐

绍兴三年（1133），宋神武左副军统制、襄阳府、邓州（今河南邓州）、随州（今湖北随州）、郢州（今湖北钟祥）、镇抚使、兼襄阳知府李横和随州知州李道联合伊阳县凤牛山寨的翟琮北伐伪齐刘豫。伪齐部队纷纷倒戈，牛皋、彭玘、赵起、朱全、牛宝、朱万成等军归附于李横，董先、张玘、董震等军归附于翟琮，伪齐唐州（今河南唐河）知州胡安中由李道招降。李横和牛皋、彭玘等克复汝州（今河南汝州）、颍昌府、信阳军（今河南信阳）等地。翟琮和董震、张玘、董贵、赵通等攻入西京河南府，处决了盗掘宋朝皇陵的伪齐河南尹孟邦雄。但刘豫马上向金军求援。3月间，金元帅左都监完颜宗弼会合李成所率二万伪齐军，在开封西北牟驼冈同宋军会战。李横、牛皋等军被金方重铠"铁浮图"骑兵击溃。到十月为止，翟琮的伊阳县凤牛山寨大本营、邓州（今河南邓州）、随州（今湖北随州）、唐州（今河南唐河）、襄阳府、郢州（今湖北钟祥）等地相继被金军攻占而陷落，李横、翟琮、牛皋、董先、李道、张玘等全部退到江南西路，彭玘战死。伪齐的李成、许约等联络割据洞庭湖的杨幺、夏诚叛军，约定来年六月间南北夹攻，伪齐军和杨幺军水陆并进，顺江东下，"前去浙中会合"，消灭南宋政权，双方"建国通和"。

败逃到长江一带的宋军中，李道、牛皋等屡次申状岳飞和江南西路安抚制置大使赵鼎，"乞听岳飞节制"。宋廷于是将牛皋、董先共一千余人以及李道等部并入岳家军，张玘也拨归岳飞统辖；翟琮改任江南东路兵马钤辖，独立成军；李横和岳飞基本同级别，不愿隶属岳飞，其一万五千人马改隶官职更高的张俊。

绍兴四年（1134），为击败伪齐军和杨幺军的合兵计划，岳飞决定先打李成、后打杨幺，宋廷正式任命岳飞为荆湖北路前沿统帅，在他的制置使官职上添入"兼制置荆南、鄂、岳"的加衔，岳家军里增加荆湖北路安抚使司颜孝恭部约一千九百人，崔邦弼部三千人，以及荆南镇抚使司的兵马。岳家军当时用于进攻襄汉六郡的总兵力，在三万五千人左右。

由于再败对战局有重大影响，南宋朝廷非常看重这次岳飞的出征。出师前，赵鼎又生怕岳飞有失，上奏高宗："陛下渡江以来，每遣兵将，止是讨荡盗贼，未尝与敌国交锋。（岳）飞之此举，利害甚重，或少有蹉跌，则使伪境益有轻慢朝廷之意。"为了使岳飞之"将佐竭力、奋死"，"以济事功"，宋高宗亲自手诏，称岳飞曾保奏王贵、张宪和徐庆三将"数立战效，深可倚办"，"理宜先有以旌赏之"，给王贵等三人颁赐捻金线战袍各一领，金束带各一条。宰相朱胜非遣使通知岳飞，只要得胜即授予他节度使的头衔。宋高宗又特令张俊的神武右军和杨沂中的神武中军分别甄选战马各一百匹拨给岳家军，并在岳飞的制置使官衔上又增加"兼黄州、复州、汉阳军、德安府"的加衔。岳家军自鄂州渡江攻郢州，岳飞在江心对幕僚们发誓："飞不擒贼帅，复旧境，不涉此江！"

绍兴四年（1134）五月五日，岳家军开到郢州城下。伪齐郢州知州荆超和长寿知县刘楫率一万多人马守城，拒绝投降。由于后勤供应有困难，岳家军的军粮不过两顿饭，但岳飞却说："可矣，吾以翌日巳时破贼！"六日黎明，岳家军开始总攻。荆超投崖自杀，刘楫被活捉后斩首，伪齐守军被杀达七千人。

然后岳家军分兵两路，张宪和徐庆率军往东北去进攻随州，岳飞率主力往西北主攻伪齐大将李成驻守的襄阳府。李成不战而逃，五月十七日，岳飞占领襄阳。而另一边，伪齐随州知州王嵩坚守不出，张宪和徐庆连攻数日不果，牛皋自告奋勇，只带三日口粮领兵支援张宪和徐庆。五月十八日，三日粮食尚未吃完，牛皋便与张宪、徐庆合军攻下随州城，其中十六岁的岳云使两杆数十斤重的铁锥枪，第一个攻上城头。五千伪齐军被歼灭，王嵩被俘并被押赴襄阳府处斩。

和前一年（1133）对付李横北伐一样，刘豫急忙调度兵力并请来一部分金兵，集结在邓州东南的新野、龙陂、胡阳、随州的枣阳（今湖北枣阳）以及唐州、邓州，加上李成逃到新野的部队，号称三十万大军。岳飞命统制王万和荆南府镇抚使司统制辛太守住清水河，引诱伪齐军进攻。辛太怯战，竟私自逃往峡州宜都县（今湖北枝城）。六月五日，王万军与伪齐军交战后，岳飞亲率主力夹攻，击败了李成军。第二天，李成又列阵求战，却犯了刘邦在彭城之战中犯的战术错误，被岳飞看出破绽。对于王贵、牛皋等将的请战，岳飞说："且止，此贼屡败吾手，吾意其更事颇多，必差练习，今其疏暗如故。夫步卒之利在阻险，骑兵之利在平旷；成乃左列骑兵于江岸，右列步卒于平地，虽言有众十万，何能为！"岳飞举鞭对王贵说："尔以长枪步卒，由成之右击骑兵。"又对牛皋说："尔以骑兵，由成之左击步卒。"和刘邦在彭城之战的败局相似，李成的前列骑兵溃散之后，将后列骑兵挤入水中淹死，军队崩溃一败涂地。李成一军元气大伤，后来再也没能反攻襄阳府。

刘豫不断火急向金国求援，但是完颜宗弼刚刚在三月被吴玠一军在仙人关大败，金军主力损失很大，元气未复。又恰逢盛夏，女真人不耐酷热，正在北方避暑。于是，只派了一员史书上未记录姓的、名合字董的二等战将，会合李成，拼凑了陕西和河北签军数万，在邓州西北扎了三十多个营寨防守。

在备办粮草准备了一个多月以后，王贵和张宪分别率军从光化路和横林路向邓州挺进。七月十五日，王贵和张宪两军在邓州城外三十几里，同数万伪齐军和金军激战；王万和董先两部突然出现夹击，击败了对手。金将刘合字董只身逃窜。岳家军俘降签军将领杨德胜等二百余人，夺取战马二百多匹，兵仗数以万计。伪齐军高仲退守邓州城。七月十七日，岳家军攻城，岳云又是第一个登城的勇士，攻下邓州活捉了高仲。岳飞为避嫌，只报了岳云随州之功，未将邓州之功申报。事隔一年，宋廷查清此事，方才将岳云升迁武翼郎。由于岳云勇猛善战，因此被称为"赢官人"。

七月二十三日，选锋军统制李道攻占唐州。王贵和张宪同时在唐州以北三十里，再次击败伪齐军和金军。同一天，信阳军也被攻下。伪齐唐州知州、信阳军知军、通判等官员被俘共五十名。第二年，宋高宗为此特奖赏李道和崔邦弼金束带各一条。

七月二十六日，刘光世部将郦琼才率五千援军赶到，但已经无仗可打。岳飞特别上奏，恳求给这五千人"先次推赏"，"卒使不沾寸赏，恐咈人情"。

克复襄汉是岳飞的第一次北伐，由于两三个月前吴玠仙人关之战大破金军主力，帮助岳家军完成了自南宋开国八年以来第一次收复了大片失地的目标。收复的地方包括前一年丢失的原先李横的辖区，以及额外的原由伪齐控制的唐州和信阳军。

（二）镇守襄汉

克复襄汉后，岳飞面临的是新恢复的中原地区的后勤防务问题，这是以后直到金哀宗完颜守绪时金国被灭、中原被克复后都一直困扰宋军的问题。这些地方因为"久罹兵火"，原来的居民"或被驱虏，或遭杀戮，甚为荒残"，以至于"百里绝人，荆榛塞路，虎狼交迹"，"野无耕农，市无贩商，城郭隳废，邑屋荡尽，而粮饷难于运漕"。凡是这样克复失地的宋军，都有一个两难的防务问题："若少留将兵，恐复为贼有"；"若多留将兵，唯俟朝廷千里馈粮，徒成自困，终莫能守"。

因为后勤的问题，岳飞只能将主力撤回，留少量兵力戍守。伪齐刘豫、李成的军队虽然不时骚扰，却始终不能夺回襄汉六郡的控制权。

襄汉六郡原来分属京西南路和京西北路，这次收复之后，宋廷为统一管理，单设襄阳府路。除在襄阳府设安抚使司外，不按制度设置"差监司"、即转运使司等文人监军系统，"止委制置使岳飞措置"。这是战时对宋朝历来的文人控制武将军队的反制，对提高军队的战斗力有一定的影响。

此时岳飞作为武将不敢居功，上奏说自己"人微望轻，难任斯职"，要辞去制置使并请求宋廷另"委任重臣，经画荆、襄"。宰相赵鼎认为："湖北鄂、岳，最为沿江上流控扼要害之所，乞令（岳）飞鄂、岳州屯驻。不惟淮西藉其声援，可保无虞，而湖南、二广、江、浙亦获安妥。"宋高宗同意赵鼎的主张，确定岳飞改驻荆湖北路的首府鄂州（今湖北武昌），自此岳家军的大本营就定在了鄂州。

绍兴五年（1135），岳家军的规模从三万多人增加到十万人左右，岳家军也从原先十将的编制扩充至三十将的编制，每将的平均兵力是三千多人。到绍兴九年（1139）岳家军增至八十四将，每将的平均兵力减至一千二百余人。

据绍兴九年（1139）统计，这十二军共有二十二名统制、五名统领和二百五十二名将官分别率领，其中有正将、副将和准备将各八十四名。王贵任中军统制，张宪任前军统制，这二人是岳飞的副手，岳飞不在时可代替岳飞指挥其他统制，主持岳家军全军的事务；徐庆、牛皋和董先三人最为善战，此五人是岳家军的中坚人物。

（三）二次北伐

绍兴六年（1136）岳飞第二次北伐前，有两件事影响了他的布置。一是目疾。自1130年着手建立岳家军后，岳飞连续六年在夏天剿匪、在冬天抗金和伪齐。尤其是夏天在南方湿热的气候中用兵，是岳飞这个北方人所不适应的。绍兴五年（1135）夏六月，平定杨幺后，岳飞病势加重，"两目赤昏，饭食不进"，"四肢堕废"，以至于不得不上奏恳请解除军务养病。宋高宗当时倾向主战，回绝了岳飞的申请，反而说岳飞"措置上流事务，责任繁重"，"卿当历忠愤之素心，雪国家之积耻，勉副朕志，助成大勋"。经过治疗，到了秋冬季，岳飞的目疾有所好转。

二是岳母姚氏于绍兴六年（1136）三月二十六日去世。岳飞是历史上有名的孝子，和老母在一起时总是全天侍候，亲自调药换衣，无微不至。姚氏死后，岳飞和岳云等人扶着其灵柩，光着脚徒步走到江州的庐山。丧葬完毕，岳飞就留在东林寺中为母守孝。按古代礼法，岳飞必须"丁忧"三年，如有特殊情况方可"起复"，即居官守丧。岳飞要坚持礼法，但满朝上下均一致反对。宋高宗命宦官邓琮到东林寺请岳飞起复，岳飞"欲以衰服谢恩"，邓琮坚持不允，但岳飞"三诏不起"。最后，宋高宗对岳飞及其部下下达了严厉的警告，说岳飞"至今尚未祗受起复恩命，显是属官等并不体国敦请"，"如依前迁延，致再有辞免，其属官等并当远窜"。主战派李纲也单独给岳飞写信说，"宣抚少保以天性过人，孝思罔极，衔哀抱恤"，恳切希望他不要"以私恩而废公义"，"幡然而起，总戎就道，建不世之勋，助成中兴之业"。岳飞终于下了决心放弃礼法，重返鄂州后带兵镇守襄汉，同时将姚氏"刻木为像，行温清定省之礼如生时"。

主战派宰相张浚从绍兴六年（1136）正月起到前线视师。中兴四将岳飞、韩世忠、刘光世、张俊都被召到镇江府的都督行府商议军事。张浚向宋高宗称赞韩世忠忠勇、岳飞沉鸷，可以倚办大事。三月，宋廷任命韩世忠为京东、淮东路宣抚处置使，岳飞为荆湖北路、京西南路宣抚副使，并且移镇为武胜、定国军节度使。此次都督行府军事会议决定由韩世忠自承州、楚州出兵攻京东东路的淮阳军（今江苏邳州西南），由岳飞自鄂州出发到襄阳府，然后北伐，由张俊自建康府出发到泗州，由刘光世由太平州出发到庐州，由杨沂中的殿前司军作为其旧上司张俊一军的后援。韩世忠和岳飞主攻，张俊和刘光世主守。

二月中旬，韩世忠发动了攻势，但岳飞还在临安府觐见宋高宗，无法配合。韩世忠在淮阳军宿迁县（今江苏宿迁）击败伪齐守军，围困了淮阳军城池。但六天后，伪齐援兵赶到，韩世忠被迫撤退。

当时都统制王彦患重病，其"八字军"（行营前护副军）驻荆南府，和岳家军的防区相邻。二月，左相赵鼎和右相张浚决定将"八字军"移屯襄阳府，由王彦出任襄阳府知府兼京西南路安抚使，归岳飞节制，以便一旦王彦病故，就把"八字军"并入岳家军。但王彦因旧事不接受这项任命，并且健康又有好转，宋廷遂将"八字军"调驻临安府。这样一来，岳家军没有增强军力，反而要接管"八字军"的荆南府防区分散兵力。

七八月间，岳飞再次出兵，以春季刚刚投降的原伪齐虢州栾川县知县李通为向导进行第二次北伐。先锋左军统制牛皋迅速攻下自己故乡汝州鲁山县附近的伪齐镇汝军，活捉守将薛亨。薛亨在十一月时，由岳家军参议官李若虚押送至临安府，宋高宗命他在岳家军中戴罪立功，结果二十多年后，他仍在鄂州军中服役。牛皋又继续攻下颍昌府大部和蔡州附近进行佯攻。岳飞率主力则往西北方向进攻。八月初，王贵、董先、郝晸等攻占虢州州治卢氏县，缴获粮食十五万石。岳家军旋即攻占了虢略县（今河南灵宝）、朱阳县（今河南灵宝西南朱阳镇）和李通原来当官的栾川县。王贵继续西向攻克了商州全境，包括上洛县（今陕西商州）、商洛县（今陕西商州东南商洛镇）、洛南县、丰阳县（今陕西山阳）和上津县（今湖北郧西西北）。

商州、虢州都属陕西路，是吴玠的战区。吴玠部将邵隆（原名邵兴，为避宋高宗绍兴年号之讳而改名）早已上奏要收复这两地，并已被宋廷任命为商州知州。岳飞攻克商州后，便催促邵隆尽快赴任，以便腾出岳家军的人马继续征战。

岳家军继续攻取伪齐顺州州治伊阳县。八月十三日，伪齐顺州安抚司都统制孙某与后军统制满在，在长水县的业阳迎战岳家军悍将杨再兴，被击溃。孙某等五百余人被阵斩，满在等一百多人被生擒。十四日，杨再兴又击溃伪齐顺州安抚使张某的两千多人。十五日夜间，岳家军夺取长水县城，缴获粮食二万石，并夺取了一个伪齐马监，得马万匹。接着，顺州另外两县永宁县和福昌县也被攻克。李纲在接到岳飞的捷报后写信说："屡承移文，垂示捷音，十余年来所未曾有，良用欣快。"

但此时在陕西附近的山区作战，后勤供应线过长造成粮草不足。岳飞只得班师，留王贵等戍守。但商州的全境和虢州的部分地区从此为南宋所控制，邵隆在年底赴商州就任知州，"披荆棘，立官府，招徕离散，各得其心"，逐渐将商州建设为要塞和下一次进攻的后勤基地。

九月下旬，岳飞回到鄂州后目疾再次剧烈发作，白天的时候，连卧室的窗户都必须全挡住才行。宋廷闻讯后，特派眼科医官皇甫知常与和尚中印两人急驰鄂州为岳飞治疗，方得好转。岳飞在这次北伐中壮志未酬，于武昌写下《满江红》。

二次北伐后，秦桧派刺客杀岳飞，未果，之后向皇帝进谗言，害死岳飞！

四、"以身殉志，不亦伟乎"

（一）"秦桧不过是执行皇帝的旨意"

提起岳飞，人人都会自然地想到秦桧。正是他以"莫须有"的罪名谋害了抗金英雄岳飞，成为人人唾骂的千古罪人。

秦桧（1090—1155），字会之，江宁（今江苏南京）人，宋徽宗政和五年（1115）进士，补密州教授，曾任太学学正。北宋末年任御史中丞。南归后，任礼部尚书，两任宰相，前后执政十九年。

秦桧是南北宋期间的一个传奇人物，长期以来也一直被视为汉奸或卖国贼。他本来是一位知名的抗金义士，后来随同徽、钦二宗被掳到金国，与金廷议和。建炎四年（1130）陪同宋高宗逃返南宋。此后，辅佐宋高宗，官至宰相。在南宋朝廷内属于主和派，反对国内主战派的势力。当中最为世人所知的，是"十二金牌召岳飞"的故事。

这里的金牌并不是指用黄金做的牌子，而是一种木制的漆牌，长一尺有余，朱漆黄金字，上刻"御前文字，不得入铺"八个字。是宋代多种通信檄牌中的一种，是以最快的速度传递紧急文字的标志。

张宪从临颍杀向开封之时，第一道班师诏送达。岳飞鉴于当时完胜的战局，写了一封奏章反对班师："契勘金虏重兵尽聚东京，屡经败衄，锐气沮丧，内外震骇。闻之谍者，虏欲弃其辎重，疾走渡河。况今豪杰向风，士卒用命，天时人事，强弱已见，功及垂成，时不再来，机难轻失。臣日夜料之熟矣，惟陛下图之。"

隔了两三日，朱仙镇已克，完颜宗弼（即金兀术）已逃出开封之时，岳飞在一天之内接连收到十二道用金字牌递发的班师诏。其中全是措辞严峻、不容反驳的急令，命令岳家军必须班师回鄂州，岳飞本人则去"行在"临安府朝见皇帝。宋高宗发十二道金牌的时间，大约是在七月十日，即他得到七月二日克复西京河南府捷报不久。

岳飞收到如此荒唐的命令，愤惋泣下，"十年之功，废于一旦。"然而友军已经撤退，岳家军孤军难支，不得不下令班师，百姓闻讯拦阻在岳飞的马前，哭诉说担心金兵反攻倒算："我等戴香盆、运粮草以迎官军，金人悉知之。相公去，我辈无嗟类矣。"岳飞无奈，含泪取诏书出示众人，说："吾不得擅留。"于是，哭声震野。岳飞决定留军五日，以便当地百姓南迁，"从而南者如市，亟奏以汉上六郡闲田处之。"

岳飞前往临安府的路途已走了大半，其间不断接到宋高宗的手诏，以及秦桧以三省、枢密院名义递发的省札。尽管内容自相矛盾、颠来倒去（特别注意，现在能看到的史料是经过秦桧一党销毁篡改的，这次北伐中断的关键细节的直接证据怕是不可能保存下来了），最后仍是令岳飞"疾驰入觐"，"赴行在奏事"。当岳飞听到中原传来的宋军败讯，只能长叹："所得州郡，一朝全休！社稷江山，难以中兴！乾坤世界，无由再复！"结果岳飞的第四次北伐因为政治原因而失败。

岳飞奉诏回到临安以后，被解除了兵权。岳飞以收复中原为己任，反对秦桧和金国议和。金兀术给秦桧写信说："你日夜来请和，而岳飞却要收复河北，一定要杀掉他，才可议和。"秦桧也认为岳飞不死，肯定要阻碍议和，自己也必定招祸，所以千方百计谋害岳飞。

之后，岳飞父子被秦桧以谋反罪名予以逮捕审讯。使者至，岳飞笑道："皇天后土，可表此心。"岳飞、岳云父子下大理寺狱。开始，让何铸审讯岳飞，岳飞扯破衣裳背对何铸，有"精忠报国"四个大字，深入肉里。

何铸看罢罪状，实在没有证据，知道岳飞是无辜的。

秦桧又让和岳飞素有积怨的谏议大夫万俟卨罗织罪名，指使人做伪证，置岳飞父子于死地。审了两个多月，直到年终，案件仍没有完。

虽然找不到证据而无审讯结果，赵构、秦桧最终决定杀害岳飞父子和张宪，而秦桧创造发明了"莫须有"的罪名。岳飞案开始时，名将韩世忠愤愤不平，找秦桧问其实情，秦桧说："岳飞儿子岳云与张宪的书信（让张宪筹划岳飞回军中），其事莫须有（或许有）。"韩世宗质问道："'莫须有'三字，怎么能服天下？""莫须有"后来便成了凭空诬陷、故意捏造罪名的专用词语。

绍兴十一年农历十二月二十九（1142年1月27日）除夕之夜，一代名将岳飞及其儿子岳云、部将张宪在杭州大理寺风波亭内被杀害。岳飞被害前，在风波亭中写下八个绝笔字："天日昭昭，天日昭昭"。

岳飞被害后，狱卒隗顺冒着生命危险，将岳飞遗体背出杭州城，埋在钱塘门外九曲丛祠旁。隗顺死前，又将此事告诉其子，并说："岳元帅精忠报国，今后必有给他昭雪冤案的一天！"岳飞沉冤二十一年后，绍兴三十二年（1162），宋孝宗即位，准备北伐，便下诏平反岳飞，追封鄂王，谥武穆，改葬在西湖栖霞岭，即杭州西湖畔"宋岳鄂王墓"，并立庙祀于湖北武昌，额名忠烈，修宋史列志传记。

绍兴二十五年（1155），秦桧病死。他的儿子秦熺力图继承相位，为宋高宗所拒绝。秦家失势，使长期被压抑的抗战派感到为岳飞平反昭雪有了希望，开始要求给岳飞恢复名誉。后来南宋为了鼓励抗金斗志，为岳飞平反，并把秦桧列为致使岳飞之死的罪魁祸首。至宁宗开禧二年被追夺王爵，改谥谬丑。

相传平民为解秦桧之恨，用面团做成他的形象丢入油锅里炸，并称之为"油炸桧"，并演变成今时今日的"油条"（香港地区仍称作"油炸鬼"，闽南语也有将油条称为"油炸桧"之发音）。位于浙江杭州西湖西北角的岳王庙，有与岳飞被杀有关的秦桧、王氏、万俟卨、张俊等四人跪像，铸造于明代，经常受到侮辱性破坏。

后世有秦姓人（一说为乾隆年间进士抚台秦鉴泉）在此作诗："人从

宋后少名桧，我到坟前愧姓秦。"

显然，岳飞父子被杀是个天大的冤案。由于秦桧、万俟卨长期执政，很长时间得不到平反。直到宋孝宗时才下诏恢复岳飞官爵，以礼改葬，谥武穆。宁宗嘉定四年（1211），追封鄂王。宋理宗宝庆元年（1225），改谥忠武。

（二）"高宗不想打，要先'安内'"

对于杀害岳飞的元凶和岳飞掉头的价值，毛泽东颇有见地。1957 年 6 月，毛泽东在中南海住所接见著名词学家冒广生（鹤亭）、舒湮父子。当冒广生介绍舒湮抗战初期在上海写了个话剧《精忠报国》，把秦桧影射汪精卫时，毛泽东注视着舒湮说："主和的责任不全在秦桧，幕后是宋高宗。秦桧不过执行皇帝的旨意。高宗不想打，要先'安内'，不能不投降金，人文征明有首词，可以读一读……"后来，他们转到谈词的话题上去了。

毛泽东这里说的"文征明有首词"，指的是明朝的衡山居士文征明的《满江红》，刻有这首词的石碑，陈列在西湖岳飞陵园前院廊下。毛泽东博洽多闻，熟读史书，而且出语寓庄于谐，说来娓娓动听："是赵构自己承认，'讲和之策，断自朕意，秦桧但能赞朕而已。'后来的史家是'为圣君讳耳'，并非文征明独排众议，他的《满江红》：'慨当初，倚飞何重，后来何酷！果是功成身合死，可怜事去言难赎'，一似丘浚的《沁园春》所说：'所须苦把长城自坏，柱石潜摧。'"（舒湮：《一九五七年夏季，我又见到了毛泽东主席》，《文汇月刊》1986 年第 9 期）

毛泽东一语中的，中国旧史书历来为尊者讳，皇帝所做坏事责任却要由臣子来承担。

毛泽东在谈话中引用了明代两位词人的两首作品来说明问题。我们先看文征明。文征明（1470—1559），初名璧，字征明，以字行，长洲（今江苏苏州）人，明代书画家、文学家。其《满江红》词全文如下：

拭残碑，敕飞字，依稀堪读。慨当初、倚飞何重，后来何酷！岂是功成身合死，可怜事去言难赎。最无辜、堪恨又堪悲，风波狱。

岂不念，封疆蹙！岂不念，徽钦辱！念徽钦既返，此身何属？千载休谈南渡错，当时自怕中原复。笑区区、一桧亦何能，逢其狱。

《词苑丛谈》引《词统》卷十二云："夏侯桥沈润卿掘地，得宋高宗赐岳侯手敕刻石，文征明待诏题《满江红》词云。"岳飞抗金有功，却惨遭杀害，人们普遍恨奸相秦桧，秦桧固然可恨，但更可恨的是宋高宗。《宋史·岳飞传论》："高宗忍自弃其中原，故忍杀岳飞。"

文征明这首词从残碑字迹发端，上阕写岳飞的冤狱，下阕剖析岳飞被杀的原因。全词抒写对岳飞冤狱的怨愤，批判锋芒直指宋高宗赵构，揭露赵构的卑鄙自私的龌龊心理，实是诛心之至论。我们再看丘浚。丘浚为明代著名的词人。其《沁园春》（寄题岳王庙）原文是：

为国锄患，为敌报仇，可堪恨哀。顾当时乾坤，是谁境界？君亲何处？几许人才，万死间关，十年血战，端的孜孜为甚来？何须苦，把长城自坏，柱石潜摧！

虽然天道恢恢，奈人众将天拗转回。叹黄龙府里，未行贺酒。朱仙镇上，先奉追牌。共戴仇天，甘投死地，天理人心安在哉！英雄恨，向万年千载，永不沉埋。

这也是一首为岳飞翻案的词。词的上阕，谴责宋高宗自坏长城，下阕歌颂民族英雄岳飞千古流芳。它无情地揭露了宋高宗害死岳飞、自坏长城的罪恶，热情赞扬岳飞的爱国主义精神。

岳飞被冤杀一事，《宋史》有关纪、传，只怪罪秦桧。毛泽东摒弃传统的史说，指出杀害岳飞的主使是高宗赵构。对于岳飞的被冤杀，毛泽东十分愤懑，他曾说过岳飞"以身殉志，不亦伟乎"！

这个评价出自他在读《新唐书·徐有功传》时写的一个批语："'命系庖厨'，何足惜哉，此言不当。岳飞、文天祥、曾静、戴名世、瞿秋白、方志敏、邓演达、杨虎城、闻一多诸辈，以身殉志，不亦伟乎！"（《毛泽东读文史古籍批语集》，中央文献出版社1993年版，第237页）

徐有功是唐朝武则天执政时期的执法大臣。他秉公执法，不徇私情，屡遭权贵嫉恨和诬陷，曾三次被判死刑，却守法不阿。他在一次被弹劾罢官又被起用时，给武则天写了一封奏折，其中有"命系庖厨"的话，意思是说，生活在山林里的小鹿，很难逃脱被猎杀，成为人们厨房里案板上的肉的命运。徐有功以鹿自喻，说出了作为正直不阿的执法大臣的共同命运。

在毛泽东看来，为公正执法而死，以身殉志，是很伟大的。毛泽东从徐有功谈死，联想到许多古今志士、仁人，其中他想到的第一个便是岳飞，可见岳飞在他心目中的地位。

1959年4月，毛泽东在中共八届七中全会上说："舍不得砍掉头，就下不了最后的决心。岳飞不是砍了头，比干不是挖了心吗！"又说："我跟陈伯达讲过，你不尖锐，无非怕丢选票，连封建时代的人物都不如，无非是开除党籍、撤职、记过、老婆离婚。砍头也只是一分钟的痛苦。《风波亭》的戏还要唱，岳飞砍了头，有什么不好？"

其实，早在1939年4月29日，毛泽东在延安活动分子会议上的报告中就指出："文天祥、岳武穆就是为国家尽忠，为民族行孝的圣人。"(《毛泽东著作专题摘编》，中央文献出版社2003版，第2288页)岳武穆就是岳飞，因为宋孝宗曾追谥武穆。

毛泽东认为，岳飞被砍头，坏事变好事，能激励后人。大概在此期前后的一天，几位中央领导人闲谈。贺龙说："都说看《三国》掉眼泪，替古人担忧，我就见不得英雄落难，尤其见不得岳飞遭难，一见就担忧，就掉泪。"毛泽东时颇有感触："我也是看《三国》掉眼泪的人。听见《风波亭》，心里就难受。可是后来我还发现，人这一生经多大难，办多大事。英雄一死就出了名。岳飞被杀，就家喻户晓并且流芳千古了。他流了血，这血就渗透到我们民族体内，世世代代传下来，他要是没流血，就不会有这么大的作用。"

1958年5月8日，毛泽东在中共八大二次会议第一次会议讲《破除迷信》问题时，说："宋朝的名将岳飞，死的时候才三十八岁。"(王子今：《毛泽东与中国史学》，中共中央党校出版社1993年版，第199页)他对岳飞被早早害死，极为惋惜。

毛泽东还圈阅并手书过诗人明代高启的《吊岳王墓》：

> 大树无枝向北风，千年遗恨泣英雄。
> 班师诏已来三殿，射虏书犹说两宫。
> 每忆上方谁请剑，空嗟高庙自藏弓。
> 栖霞岭上今回首，不见诸陵白露中。

高启（1336—1374），字季迪，自号青丘子，长洲人，明代著名诗人。

1961年11月6日，毛泽东为查找高启的一首《梅花》诗，曾一天给他的秘书田家英一连写了三封信，查到后，毛泽东挥笔用草体书写了全诗，并在后面大字写上："高启，字季迪，明朝最伟大的诗人。"

高启的《吊岳王墓》，是诗人瞻仰杭州栖霞岭岳王墓时所作。诗人对岳飞精忠报国、誓死抗金的爱国行动进行了热情歌颂，对南宋君臣苟且偷安的投降政策表示了强烈的愤恨。

（三）"请你替我给岳王坟献个花圈"

20世纪60年代的一个春天，在杭州刘庄毛泽东的办公室里，毛泽东按了一下电铃，负责保卫工作的浙江省公安厅厅长王芳走了进来。

"快到清明节了，是吗？"毛泽东若有所思地轻声问。

王芳连忙回答："主席，后天就是清明节了。"

"你知道'以身许国，何事不敢为'是谁的话吗？"毛泽东的声音还是很轻。

"这是宋朝民族英雄岳飞的名言。"王芳说。

毛泽东这时满脸不高兴地问："王芳，你知道西湖边有多少座坟墓吗？"

"具体数字，我说不清楚，反正到处是坟墓。"

"是啊，我们这是与鬼为邻，成天与死人打交道。这些达官贵人活着时住深宅大院，过着花天酒地、挥金如土的生活，死了，还要在西湖边上占一块宝地，这怎么能行？"

"主席，您说怎么办？""除了岳王墓等少数几个有代表性的人物的坟墓外，其他的应该统统迁到别处去。西湖风景区应该成为劳动人民休息和游览的地方，不能让人们看到这里到处是坟堆、墓碑，这些真是大煞风景啊！"

说到这里，王芳猜测，莫非毛泽东想去祭奠岳飞？

"岳飞是中国历史上一个伟大的爱国英雄。公元十二世纪，女真族在北方建立了金国。金人不安心偏居于北方，随着国力的增强，他们吞并宋朝的野心日益膨胀起来，并不断肆无忌惮地侵袭和骚扰中原地区。面对国家山河破碎，民不聊生，甚至生灵涂炭的悲惨景象，岳飞再也按捺不住心中的怒火，他主动请缨提旅，率领英勇善战的'岳家军'，驰骋抗金前线，杀得金人丢盔弃甲，闻风丧胆，真是英勇无比啊！"毛泽东敬重其事地说。之后，他舒缓了一口气，又接着讲道：

"1140 年，当岳飞正乘胜追击，即将打过黄河，'直捣黄龙府'时，被苟且偷安的南宋小朝廷一纸命令召回临安，就是这个大名鼎鼎的杭州哟。岳飞回来后，就被宋高宗和奸佞秦桧等人以'莫须有'的罪名残害致死。岳飞精忠报国，心昭天日的爱国壮志，千百年来，在民间广为传颂，他，可以说是个家喻户晓、妇孺皆知的大英雄。……当然，他受朝廷差遣去湖南镇压农民起义的行为我们应该批判，他那愚昧的忠君思想，我们应该摒弃，但就其短暂的一生而言，他为国家和民族立的功劳，还是远远大于过错的。他是个值得我们称颂的民族英雄……"

毛泽东讲得深入浅出，通俗易懂。

片刻的沉默之后，王芳开了口："主席，人们用生铁铸成的秦桧夫妇的跪像至今仍跪在岳飞坟前。当年出卖民族利益，认贼作父，残害忠良的奸臣及其走狗，将永远被世人所不齿、所唾骂。"

"'青山有幸埋忠骨，白铁无辜铸佞臣'。这诗写得真是入木三分。"毛泽东毫不掩饰心中的爱和恨。

"王芳，岳飞的《满江红》你会背吗？"毛泽东 1952 年在汤阴也曾问过当时的县长。

"背不好。"王芳的山东口音较重，他怕毛泽东听不清楚，想推辞。

"你背背，试试看。"毛泽东热情鼓励王芳。

"怒发冲冠，凭栏处，潇潇雨歇。抬望眼，仰天长啸，壮怀激烈。"王芳尽力用山东腔的普通话背诵着。

"三十功名尘与土，八千里路云和月。莫等闲，白了少年头，空悲切。"毛泽东也情不自禁地随着王芳的声音低吟着。

"靖康耻，犹未雪，臣子恨，何时灭。驾长车踏破贺兰山缺。壮志饥餐胡虏肉，笑谈渴饮匈奴血，待从头收拾旧山河，朝天阙。"

岳飞的词背结束了，但他们两人都还沉浸在《满江红》所创造的意境之中。

毛泽东对王芳说："快到清明节了，按我们民族的习惯，清明节是祭奠先人的日子，请你替我给岳飞墓送个花圈。于是，当天下午，在岳王坟前的花圈丛中，又添了一个制作精美但没有标明敬挽人姓名的花圈。

毛泽东给古人敬献花圈这恐怕是唯一的一次，表明了他对岳飞这位卓越军事家和民族英雄的敬意。（李约翰等：《毛泽东和省委书记们》，中央文献出版社1994年3月版，第82至86页。）

毛泽东喜读岳飞庙里的楹联，他对岳王坟墓门的一副石刻楹联"青山有幸埋忠骨，白铁无辜铸佞臣"尤为喜欢，赞扬说"这诗写得真是入木三分"。

明朝嘉靖年间，重修岳飞墓和祠堂时，墓阙照壁上，嵌有明人洪珠所书"精忠报国"四字，墓前露台下，有铁铸秦桧、王氏、万俟卨和张俊四人像，反背跪地。"青山有幸埋忠骨，白铁无辜铸佞臣"刻于跪像背后的墓阙上。作者为松江女史徐氏，清代松江（今上海松江）人。

为纪念岳飞，中国许多地方都修筑了岳王庙，规模较大的有安阳汤阴、杭州、朱仙镇、靖江、宜丰等地的岳飞庙。杭州岳庙位于栖霞岭南麓，是墓庙一体的建筑群；安阳汤阴岳庙位于岳飞故里汤阴县；朱仙镇岳庙传说是为了纪念朱仙镇之战而建；靖江岳庙前身是宋代的岳飞生祠。

五、镇压钟相、杨幺起义

北宋爆发了宋江、方腊等农民起义，南宋则有钟相、杨幺起义。钟相、杨幺起义指的是南宋建炎四年至绍兴五年（1130—1135），在南宋农民起义战争中，湖南义军首领钟相、杨幺等率众于洞庭湖区连年抗击南宋官军围剿的战争。

北宋钦宗靖康二年（1127）四月，金灭北宋，康王赵构即位，重建宋朝，是为南宋。至建炎三年，赵构迫于金军攻势退兵，谋偏安江南。时金军紧逼南下，宋溃军沿途剽掠，统治者横征暴敛，政繁赋重，激起江南民众纷起反抗。

南宋高宗建炎四年（1130）二月，鼎州武陵（今湖南常德）民钟相率先聚众起义，抗击溃兵游寇集团抢劫，破州县、焚官府、杀贪官，建国号楚，年号为天载（一作天战），钟相称楚王，立子钟子昂为太子，设立官署。号召等贵贱、均贫富，得鼎、澧、潭、岳、辰（今湖南澧县、长沙、岳阳、沅陵）等州19县民响应。

南宋高宗建炎四年（1130）三月，遭宋溃军游寇集团孔彦舟部镇压，义军奋力抗击，初战获胜。后因孔彦舟遣间混入义军作内应，钟相不备，被俘杀。钟相牺牲后，数十万义军在杨幺、夏诚等的率领下转入洞庭湖区，据湖泊港汊为险，濒湖设寨，兵农相兼，继续与官府抗衡。南宋高宗绍兴元年（1131），鼎澧镇抚使兼知鼎州程昌寓率水军乘车船、海鳅船攻夏诚水寨，于下沚江口（今湖南汉寿东北）被义军击败。义军缴获官军车船后，广伐鼎、澧地区松杉樟楠等木材，大造车楼大船，严密设防，陆耕水战，既取得水战优势，又获田蚕兴旺，实力日益增强。

南宋高宗绍兴三年（1133）四月，杨幺立钟相少子钟子义为太子，自号大圣天王，重建楚政权。南宋朝廷惊恐不安，视之为心腹大患，遂遣军往讨。

南宋高宗绍兴三年（1133）六月，荆南、潭鼎澧岳置制使王𤠣统领禁兵、御前、神武军3.5万人，并节制荆潭制置司水军统制吴全部万余人，战船数百只，偕统制崔增、高进趋洞庭湖。

同年十月，王𤠣至岳州，率舟师与杨幺车船水军短兵激战，船小不敌，败退桥口（今湖南湘阴西南湘江西岸）。寻留崔增、吴全等设伏岳州艑山、洞庭湖口、牌口等处，自率神武前军万余人趋于鼎州，会程昌寓部水军，企图两面夹击，一举歼灭义军。杨幺察其谋，将计就计，坚壁上游诸寨，将老少民众、牲畜转移隐蔽西港（今湖南汉寿东北西港镇），以部分车船出没空寨间，牵制疲惫上游宋军；另施疑兵，遣数只车船潜载数千水兵，偃旗息鼓，放流诱歼下游宋军。

同年十一月十二日，王𤠣、程昌寓率军出下沚江口，水陆并进，逐个围剿义军水寨，所至皆扑空。而下游预伏宋军发现湖面车船，万余人争乘数百只舟船贸然入湖拦截。将至阳武口（今湖南岳阳西洞庭湖中），义军车船突然回旋，纵横冲撞，官军猝不及防，舟船皆被撞沉，崔增、吴全及属下无一生还。义军获阳武口之役大捷后，回师又败王躞等军。四年（1134）六月，王躞再次遣军进剿。七月，杨幺乘江水暴涨，率车船水军出湖反击，尽歼社木寨（今湖南常德东）守军，王躞败逃。义军屡战获捷，兵势日盛，使宋廷愈加恐惧。

南宋高宗绍兴五年（1135）二月，高宗调集 20 万大军，命张俊为诸路兵马都督，岳飞为荆湖南北路置制使，趋于洞庭湖围剿。五月，宋军封锁缘湖四面诸江河要津后，岳飞率所部至鼎州，先对义军诸寨遣间诱降，分化瓦解义军；继以大军压境，示师威胁。

在岳飞招降政策诱惑下，义军大首领杨钦、刘衡、金琮、刘诜、黄佐等人，纷纷向岳飞投诚，甚至一次就有上万人降，还不到一个月，"大圣天王"杨幺就成了一个孤家寡人。惟杨幺、夏诚等仍据寨自固。岳飞知湖深莫测，乃纳杨钦献策，遣人开闸泄放湖水，放巨筏堵塞港汊，并于湖面散放青草，以破义军车船优势。后以杨钦为向导，进围杨幺水寨。杨幺率水军出战，因水浅，车船机轮又被草缠住，滞不能行，被官军击败，各个水寨或降或破，杨幺被自己的部众领着岳家军追赶。杨幺走投无路，就跳到水里，然后被岳飞部将牛皋捉住杀掉了。杨幺余部全部向岳家军投降，岳飞亲自到各个营寨抚慰，将老弱放归田里，少壮编入军队，后来数万杨幺所部，成为南宋水师和岳家军的坚强战士。

为什么会出现这样的情况呢？除了民族英雄岳飞在当时的崇高威望和岳家军的巨大感召力之外，最重要的原因就是：杨幺武装割据集团在当时已毫无出路。钟相、杨幺先前是在北宋垮台、社会混乱之际在洞庭湖区域乘机窜起的，然而随着岳飞、韩世忠等人的抗战活动，金人的攻势被遏制，广大南宋统治区的社会秩序得到了迅速恢复，恢复社会生产、发展经济，成为当时南宋社会的需要。

杨幺起义后期，其农民起义军领导层早已背叛"等贵贱、均贫富"的宗旨，他们衣食住行无不穷奢极欲，连睡觉的床都要用金玉镶嵌，而部下士卒和治下百姓却困苦潦倒，杨幺大失人心，以至于岳飞大军一来，杨幺部下就争相投奔岳家军。

杨幺不但自己享乐，更滥施兵威，焚烧无数宅院庙宇，滥杀官吏、书生、僧、道，把滥杀无辜称为"行法"，将野蛮烧杀与反抗朝廷压迫混为一体，给洞庭湖地区造成了极大的破坏，害得洞庭湖地区民不聊生。

另一方面，南宋初年，在外敌侵略攻杀不断，国家处于危难困境的艰难时代和非常时期，在华夏民族一致对外、保家卫国，抗击外敌侵略的大背景下，杨幺竟然置国家民族大义于不顾，不仅不接受朝廷招安，继续割据一方，甚至还暗中与伪齐汉奸相互勾结，企图南北夹击，扼杀南宋政权！

伪齐政权频繁联络杨幺，杨幺也暗中勾结伪齐汉奸李成、许约等，甘愿充当走狗，配合金人南侵。《宋史》记载："伪齐遣李成挟金人入侵，破襄阳、唐、邓、随、郢诸州及信阳军，湖寇杨幺亦与伪齐通，欲顺流而下，李成又欲自江西陆行，趋两浙与幺会。帝命飞为之备。"

针对杨幺暗中勾结伪齐汉奸李成等，配合金人南侵，准备南北夹击、扼杀刚建立不久的南宋政权的这一严峻局势，岳飞在绍兴四年初的奏章中明确指出："今外有北房之寇攘，内有杨幺之窃发，俱为大患，上轸宸襟。然以臣观之，杨幺虽近为腹心之忧，其实外假李成，以为唇齿之援。今日之计，正当进兵襄阳，先取六郡，李成不就絷缚，则亦丧师远逃。于是加兵湖湘，以殄群盗，要不为难。"

岳飞平定钟相、杨幺之乱，得到了广大民众的拥护，甚至得到了杨幺部众的拥护，符合当时人民的利益，符合当时国家民族的利益。我们应该理直气壮地宣布，岳飞平定钟相、杨幺之乱，既不是什么"污点"，更不是什么"罪孽"，而是岳飞在抗金之外的又一大功绩！

南宋初年，鼎州（今湖南常德）钟相、杨幺领导的起义是我国历史上规模较大的一次起义。起义军坚持近6年，鼎盛时势力波及洞庭湖地区7个州所属的19个县。传统观点认为这次起义提出了"等贵贱，均贫富"的口号，迫使朝廷先后7次镇压，并派20余人前往"招安"，给偏安江浙的南宋王朝造成沉重打击。

到底应该怎样看待岳飞镇压钟相、杨幺起义？毛泽东曾经说过："中国从秦末大泽乡（徐州附近）群众暴动起，到清末义和拳运动止，二千年中，大规模的农民起义运动，几乎没有停止过。同全世界一样，中国的历史，就是一部阶级斗争史。"（《读〈三国志集解〉》批语，《毛泽东读文史古籍批语集》，中央文献出版社 1993 年版，第 151 页）

根据这一论述，钟相、杨幺起义是反抗宋王朝的统治，所以是农民起义，这是应当肯定的，岳飞镇压农民起义是错误的，是他的一个"污点"；从另一方面来看，杨幺后来勾结傀儡政权张邦昌，企图和金人里应外合，南北夹击，消灭南宋政权，这又是民族矛盾，在民族矛盾中，杨幺站错了队，岳飞消灭它们是正当的，这是立了大功。所以，正如习近平同志所说："对历史人物的评价，应该放在其所处时代和社会的历史条件下去分析……不能用今天的时代条件、发展水平、认识水平去衡量和要求前人，不能苛求前人干出后人才能干出的业绩来。"我们对岳飞也应如是观，不是吗？

【毛泽东评说】

1933 年，毛泽东在瑞金观看过京剧《岳母刺字》后，说："岳飞是个民族英雄，他忠心报国，全心为民，抵抗外军侵略……我们要向他学习。"

———盛巽昌：《毛泽东眼中的历史人物》，世纪出版集团、上海辞书出版社 2005 年版，第 312 页。

1938 年 5 月，毛泽东写的《论持久战》的《主动性，灵活性，计划性中说》："古人所谓'运用之妙，存乎一心'，这个'妙'，我们叫作灵活性，这是聪明的指挥员的出产品。灵活不是妄动，妄动是应该拒绝的。灵活，是聪明的指挥员，基于客观情况，'审时度势'（这个势，包括敌势、我势、地势等项）而采取及时的和恰当的处置方法的一种才能，即是所谓'运用之妙'。基于这种运用之妙，外线的速决进攻战，就能较多地取得胜利，就能转变敌我优劣形势，就能实现我对于敌的主动权，就能压倒敌人而击破之，而最后胜利就属于我们了。"

———《毛泽东选集》，第二卷，人民出版社 1991 年版，第 494—495 页。

1939 年 4 月 29 日，毛泽东在延安活动分子会议上的报告中指出："文天祥、岳武穆就是为国尽忠，为民族行孝的圣人。"

—— 中共中央文献研究室编：《毛泽东著作专题摘编》，中央文献出版社 2003 年版，第 2288 页。

毛泽东在读《新唐书》卷一百十三《徐有功传》时批注曰："'命系庖厨'，何足惜哉，此言不当。岳飞、文天祥、曾静、戴名世、瞿秋白、方志敏、杨虎城、邓演达、闻一多诸辈，以身殉志，不亦伟乎！"

—— 中共中央文献研究室编：《毛泽东读文史古籍批语集》，中央文献出版社 1993 年版，第 237 页。

【作者述评】

岳飞（1103—1142），字鹏举，宋相州汤阴县（今河南安阳汤阴县）人，南宋抗金名将，中国历史上著名军事家、战略家，民族英雄，位列南宋中兴四将之一。

他于北宋末年投军，从 1128 年遇宗泽起到 1141 年为止的十余年间，率领岳家军同金军进行了大小数百次战斗，所向披靡，"位至将相"。1140 年，完颜兀术毁盟攻宋，岳飞挥师北伐，先后收复郑州、洛阳等地，又于郾城、颍昌大败金军，进军距京都汴京仅 45 里的朱仙镇。宋高宗、秦桧却一意求和，以十二道"金字牌"下令退兵，岳飞在孤立无援之下被迫班师。在宋金议和过程中，岳飞遭受秦桧、张俊等人的诬陷，被捕入狱。1142 年 1 月，岳飞以"莫须有"的罪名，与长子岳云和部将张宪同被杀害。宋孝宗时岳飞冤狱被平反，改葬于西湖畔栖霞岭。追谥武穆，后又追谥忠武，封鄂王。

毛泽东对岳飞评价很高，称他是民族英雄，对他的军事思想也颇赞扬，对他冤枉被杀，极其愤慨，称他是"以身殉志，不亦伟乎"。这句话是他读《新唐书》的《徐有功传》的批语。徐有功是唐朝武则天执政时期的执法大臣。他秉公执法，不徇私情，屡遭权贵嫉恨和诬陷，曾三次被判死刑，却守法不阿。他在一次被弹劾罢官又被起用时，给武则天写了一封奏折，其中有"命系庖厨"的话，意思是说，生活在山林里的小鹿，很难逃脱被猎杀，成为人们厨房里案板上的肉的命运。徐有功以鹿自喻，说出了作为正直不阿的执法大臣的共同命运。在毛泽东看来，为公正执法而死，以身殉志，是很伟大的。毛泽东从徐有功谈死，联想到许多古今志士、仁人，其中他想到的第一个便是岳飞，可见岳飞在他心目中的地位。

文天祥

【文天祥小传】

文天祥（1236年6月6日—1283年1月9日），初名云孙，字宋瑞，又字履善，道号浮休道人、文山，吉州庐陵（今江西省吉安市青原区富田镇）人，南宋末年政治家、文学家，抗元名臣，民族英雄，与陆秀夫、张世杰并称为"宋末三杰"。

人物生平

早期经历

文天祥，初名云孙，字宋瑞，选中贡士后，换以天祥为名，改字履善。相貌堂堂，身材魁伟，皮肤白美如玉，眉清目秀，观物炯炯有神。在孩提时，看见学宫中所祭祀的乡先生欧阳修、杨邦乂、胡铨的画像，谥号都为"忠"，即为此高兴，羡慕不已，说："如果不成为其中的一员，就不是真正的男子汉。"

文天祥二十岁即考取进士，在集英殿答对论策。当时宋理宗赵昀在位已很久，治理政事渐渐怠惰，文天祥以法天不息为题议论策对，其文章有一万多字，没有写草稿，一气写完。宋理宗亲自选拔他为第一名。考官王应麟上奏说："这个试卷以古代的事情作为借鉴，忠心肝胆好似铁石，我以为能得到这样的人才可喜可贺。"宋理宗宝祐四年（1256）文天祥中状元后再改字宋瑞。不久，他的父亲逝世，文天祥回家守丧。

宋理宗开庆初年（1259），元朝的军队攻打南宋，宦官董宋臣对宋理宗说要迁都，没有人敢议论说这是错的。文天祥当时入朝任命为宁海军节度判官，上书"请求斩杀董宋臣，以统一人心"。因不被采纳，就自己请免职回乡。后来逐渐升官至刑部侍郎。董宋臣又升为都知，文天祥再次上书一一列举他的罪行，也没有回音。因此出外任瑞州（今江西高安）知州，改迁江南西路提刑，升任尚书左司郎官，多次遭台官议论罢职。贾似道称自己患病，请求退休，用以要挟宋理宗，诏令没应允。文天祥起草制诰，所写文字都是讽刺贾似道的。当时起草圣旨诰命的内制沿袭要呈文稿审查，文天祥没有写，贾似道不高兴，命令台臣张志立奏劾罢免他。文天祥已经几次被斥责，援引钱若水的例子退休，当时他三十七岁。

宋度宗赵禥咸淳九年（1273），起用为荆湖南路提刑。因此见到了原来的宰相江万里。江万里平素就对文天祥的志向、气节感到惊奇，同他谈到国事，神色忧伤地说："我老了，观察天时人事应当有变化，我看到的人很多，担任治理国家的责任，莫非是在你身上吗？望你努力。"

率军勤王

宋度宗赵禥咸淳十年（1274），文天祥被委任为赣州（今江西赣州）知州。宋恭宗赵显德祐元年（1275），长江上游告急，宋廷诏令天下兵马勤王。文天祥捧着诏书流涕哭泣，派陈继周率领郡里的志士，同时联络溪峒蛮，派方兴召集吉州（今江西吉安）的士兵，各英雄豪杰群起响应，聚集兵众万人。此事报到朝廷，命令他以江南西路提刑安抚使的名义率军入卫京师。他的朋友制止他说："现在元军分三路南下进攻，攻破京城市郊，进迫内地，你以乌合之众万余人赴京入卫，这与驱赶群羊同猛虎相斗没有什么差别。"文天祥答道："我也知道是这么回事。但是，国家抚养培育臣民百姓三百多年，一旦有危急，征集天下的兵丁，没有一人一骑入卫京师，我为此感到深深的遗憾。所以不自量力，而以身殉国，希望天下忠臣义士将会有听说此事后而奋起的。依靠仁义取胜就可以自立，依靠人多就可以促成事业成功，如果按此而行，那么国家就有保障了。"

文天祥性格豁达豪爽，平生衣食丰厚，声伎满堂。到这时，自己痛加裁减，把家里的资产全部作为军费。每当与宾客、僚属谈到国家时事，就痛哭流涕，抚案说道："以别人的快乐为快乐的人，也忧虑别人忧虑的事情，以别人的衣食为衣食来源的人，应为别人的事而至死不辞。"

宋恭宗赵显德祐元年（1275）八月，文天祥率兵到临安（今浙江杭州），担任平江府知府。当时因为丞相陈宜中没有返回朝廷，所以没有受到派遣。十月，陈宜中至，于是派遣去任职。朝议中刚刚擢升吕师孟为兵部尚书，封吕文德为和义郡王，想以此去求和。吕师孟更加傲慢骄横、放肆。

苦战东南

文天祥辞别皇帝，之后上书说："朝廷之内，具有姑息、求和意向的大臣很多，具有奋发之志、果断处事的人却很少。我请求处斩吕师孟作为战事祭祀，用以鼓舞将士们的士气。"又说："我们大宋吸取了五代分裂割据的教训，削除藩镇，建立郡县城邑，虽然一时完全革除了尾大不掉的弊端，但是国家因此渐趋削弱，所以北方少数民族的军队到一州就攻破一州，到一县就攻破一县，中原沦陷，悔恨、痛心哪里还来得及。现在应当划分天下为四镇，设置都督来作为它的统帅。把广南西路合并于荆湖南路，在长沙建立治所；把广南东路合并于江南西路，在隆兴（今江西南昌）建立治所；把福建路合并于江南东路，在番阳（今江西鄱阳县）建立治所；把淮南西路合并于淮南东路，在扬州建立治所。责令长沙兼领鄂州等处，隆兴兼领蕲州、黄州，番阳兼领江东，扬州兼领两淮，使他们所辖的地区范围更广、力量更强，足以抵抗元军。然后各地约定日期，一齐奋起，只前进，不后退，夜以继日，图谋复地，敌兵兵力众多，但力量分散，疲于奔命，而我大宋民众中的英雄豪杰，于其中等待机会攻敌，这样的话，敌兵就容易被打退了。"当时朝议以文天祥的议论不切实际，难以实行，因此，他的上书没有结果。

德祐元年（1275）十月，文天祥到平江，元军已从金陵出发进入常州。文天祥派遣他的将帅朱华、尹玉、麻士龙与张全援助常州，行到虞桥，麻士龙战死，朱华率领广南军队，战于五牧，被打败，尹玉也败了，士兵们争相渡水，扒张全军中的渡船，张全的士兵斩断他们的手指，都淹死了，尹玉率领残兵五百人夜间发起战斗，到第二天早晨都战死了。张全不发一箭，就逃跑退却。元军攻入常州，占领独松关。陈宜中、留梦炎召令文天祥，弃守平江，退守余杭。

义使元营

宋恭宗赵显德祐二年（1276）正月，文天祥担任临安知府。不多久，宋朝投降，陈宜中、张世杰都走了。朝廷继续任命文天祥为枢密使。不久，担任右丞相兼枢密使，作为使臣到元军中讲和谈判，与元朝丞相伯颜在皋亭山针锋相对争论。伯颜发怒拘捕了他，同左丞相吴坚、右丞相贾余庆、知枢密院事谢堂、签枢密院事家铉翁、同签枢密院事刘岊，向北至镇江。文天祥与他的侍客杜浒等十二人，于夜间逃入真州。苗再成出来迎接他，高兴地流着眼泪说："两淮的士兵足可以兴复宋朝，只是二制置使有些矛盾，不能同心协力。"文天祥问道："下一步的计划呢？"苗再成回答说："现在先约淮西兵赶赴建康，他们必然全力以防御我们淮西的士兵。指挥东面各将帅，以通州、泰州兵攻打湾头，以高邮、宝应、淮安兵攻打杨子桥，以扬州兵攻打瓜步，我率领水军直捣镇江，同一天大举出兵。湾头、杨子桥都是沿长江的脆弱之军，又日夜希望我们军队攻来，攻打他们，定会很快取胜。一齐从三个方向进攻瓜步，我自己率兵从长江水面中以较少的士兵佯攻，虽然有智慧的人也不能预料到这一点。瓜步攻下后，以东面的军队入攻京口，西面的士兵入攻金陵，威胁浙江的后退之路，那么元军的大帅就可以生擒了。"文天祥对此大加赞扬，随即写信送两个制置使，派遣使者四面联络。

文天祥没有到的时候，扬州有逃跑归来的士兵说："朝廷秘密派遣一丞相进入真州劝说投降来了。"李庭芝信以为真，认为文天祥劝降来了。派苗再成迅速杀掉文天祥。苗再成不忍心杀他，欺哄文天祥到相城垒外，然后把制司的文书给他看，把他关在门外。好久以后，又派两批人分别去窥测证实天祥是不是来劝降的，如果是劝降的就杀了他。两批人分别与天祥谈话后，证实其忠义，都不忍心杀他，派士兵二十人沿路护送至扬州，四更鼓响时抵达城下，听等候开城门的人谈，制置司下令防备文天祥很严密，文天祥与随从听说后相互吐舌，于是向东入海道，遇元军，躲入四围土墙中得以免祸。然而，因为饥饿而走不动路，于是向樵夫们讨得了一些剩饭残羹。走至板桥，元军又来了，众人跑入竹林中隐伏，元军进入竹林搜索，抓住杜浒、金应带走了。虞侯张庆眼睛被射中了一箭，身上两度挨箭，文天祥未被发现，得以脱身。杜浒、金应拿出身上的金银送给元军，才被放回，雇募二个樵夫抬着坐在箩筐里的文天祥到高邮，泛海坐船至温州。

江西抗元

文天祥听说益王未立，于是上表劝请即帝位，以观文殿学士、侍读的官职召至福州（今福建福州），拜右丞相。不久与陈宜中等人议论意见不统一。德祐二年（1276）七月，于是以同都督职出任江南西路，准备上任，召集士兵进入汀州（今福建长汀）。十月，派遣参谋赵时赏、咨议赵孟溁率领一支军队攻取宁都（今江西赣州宁都），参赞吴浚率一支军队攻取雩都（今江西赣州于都），刘洙、萧明哲、陈子敬都从江西起兵来与他会合。邹凤以招谕副使在宁都召聚兵众，元军攻打他们，邹凤兵败，同时起事率兵的人刘钦、鞠华叔、颜师立、颜起岩都死了。武冈教授罗开礼，起兵收复了永丰县（今江西吉安永丰），不久兵败被俘，死于狱中。文天祥听说罗开礼死了，穿起丧服，痛哭不已。

宋端宗赵昰景炎二年（1277）正月，元军攻入汀州，文天祥于是迁移漳州，请求入卫朝廷。赵时赏、赵孟溁也率兵归来，唯独吴浚的士兵没有到。不久，吴浚降元，来游说文天祥。文天祥派人缚起吴浚，把他吊死了。四月，进入梅州，都统王福、钱汉英专横跋扈，被处斩了。五月，迁出江南西路，进入会昌。六月，进入兴国县。七月，遣参谋张汴、监军赵时赏、赵孟溁荣等率大军进逼赣城，邹凤率领赣州各县的军队攻取永丰，他的副官黎贵达率领吉州各县的士兵攻取泰和。吉州八县克复了一半，仅剩赣州没有攻下。临洪各郡，都送钱劳军。潭州赵璠、张虎、张唐、熊桂、刘斗元、吴希奭、陈子全、王梦应在邵州、永州等地起兵，克复数县，抚州何时等人起兵响应文天祥。分宁、武宁、建昌三县豪杰，都派人到军中接受调遣参战。

元军江南西路宣慰使李恒派遣士兵入援赣州，而自己率兵在兴国进攻文天祥的据点。文天祥没有预料到李恒的兵突然攻至兴国，于是率兵撤退，靠近永丰的邹沨。邹沨的军队已在他的前面溃败，李恒于是穷追文天祥至方石岭。巩信坚守拒战，身中数箭，死了。到达空坑，士兵都被打败溃散，文天祥的妻妾子女都被抓住。赵时赏坐在轿子中，后面的元军讯问他是谁，赵时赏说"我姓文"，众兵以为是文天祥，活捉了他返回军营，文天祥因此得以逃脱。

彭震龙、张汴等死于军中，缪朝宗自己上吊死了。吴文炳、林栋、刘洙都被抓住带回隆兴。赵时赏怒骂不屈服，有的多次被抓来的，往往很快放掉，说："小小的签厅官，抓来有什么用呢？"因此得以逃脱的人很多。到行刑的时候，刘洙多次辩解，赵时赏呵斥他说："死了算了，何必这样呢？"于是林栋、吴文炳、萧敬夫、萧焘夫都不能免难。

战败被俘

文天祥召集残兵奔赴循州，驻扎于南岭。黎贵达暗中阴谋投降，被抓住杀了。宋端宗赵昰景炎三年（1278）三月，文天祥进驻丽江浦。六月，进入船澳。益王死了，卫王继承王位。文天祥上表自责，请求入朝，没有获准。八月，加封文天祥少保、信国公。军中瘟疫又流行，士兵死了几百人。文天祥唯一的一个儿子和他的母亲都死了。

十一月，进驻潮阳。潮州盗贼陈懿、刘兴多次叛附无常，为潮阳人一大祸害。文天祥赶走了陈懿，抓住刘兴，杀了他。十二月，赶赴南岭，邹沨、刘子俊又从江西起兵而来，再次攻伐陈懿的党羽，陈懿于是暗中勾结张弘范，帮助、引导元军逼攻潮阳。文天祥正在五坡岭吃饭，张弘范的军队突然出现，众士兵随从措手不及，都埋头躲在荒草中。文天祥匆忙逃走，被元军千户王惟义抓住。文天祥吞食脑子（即龙脑），没有死。邹沨自刎颈项，众士兵扶着他至南岭才死。僚属士卒得以从空坑逃脱的人，至此时刘子俊、陈龙复、萧明哲、萧资都死了，杜浒被抓住，忧愤而死。仅有赵孟溁逃脱，张唐、熊桂、吴希奭、陈子全兵败被活捉，都被处死。

文天祥被押至潮阳，见张弘范时，左右官员都命他行跪拜之礼，没有拜，张弘范于是以宾客的礼节接见他，同他一起入崖山，要他写信招降张世杰。文天祥说："我不能保卫父母，还叫别人叛离父母，可以吗？"因多次强迫索要书信，于是，写了《过零丁洋》诗给他们。这首诗的尾句说："人生自古谁无死，留取丹心照汗青。"张弘范笑着收藏它。崖山战败后，元军中置酒宴犒军，张弘范说："丞相的忠心孝义都尽到了，若能改变态度像侍奉宋朝那样侍奉大元皇上，将不会失去宰相的位置。"文天祥眼泪扑簌簌地说："国亡不能救，作为臣子，死有余罪，怎敢怀有二心苟且偷生呢？"张弘范感其仁义，派人护送文天祥到京师。

从容殉国

文天祥在路上，八天没有吃饭，没有死，才又吃饭。到达燕京（今北京），馆舍侍员殷勤、陈设奢豪，文天祥没有入睡，坐待天亮。于是移送兵马司，令士卒监守他。当时忽必烈多次搜求有才能的南宋官员，王积翁说："南宋人中没有谁比得上文天祥的。"于是派遣王积翁去传达圣旨，文天祥说："国家亡了，我只能以死报国。倘若因为宽赦，能以道士回归故乡，他日以世俗之外的身份作为顾问，还可以。假如立即给以高官，不仅亡国的大夫不可以此求生存，而且把自己平生的全部抱负抛弃，那么任用我有什么用呢？"王积翁想与宋官谢昌元等十人一起请释放文天祥为道士，可是留梦炎不同意，说："文天祥放出后，又在江南号召抗元，置我十人于何地？"于是此事作罢。文天祥在燕京共三年，忽必烈知道文天祥始终不屈，同宰相议论放了他，有人以文天祥起兵江南西路的事为借口，结果没有被释放。

元世祖忽必烈至元十九年（1282），福建有一僧人说土星冒犯帝座星，怀疑有变乱。不久，中山有一狂人自称"宋主"，有兵上千人，想救出文天祥。京城也有未署名的书信，说某日火烧城外苇草，率领两侧翼的士兵作乱，丞相就没有忧虑了。当时大盗刚刚暗杀了元朝左丞相阿合马，于是命令撤除城下苇草，迁徙瀛国公及宋宗室到开平，元朝廷怀疑信上说的丞相就是文天祥。

文天祥在狱中曾收到女儿柳娘的来信，得知妻子和两个女儿都在宫中为奴，过着囚徒般的生活。文天祥明白：只要投降，家人即可团聚。但文天祥不愿因妻子和女儿而丧失气节。他在写给自己妹妹的信中说："收柳女信，痛割肠胃。人谁无妻儿骨肉之情？但今日事到这里，于义当死，乃是命也。奈何？奈何！……可令柳女、环女做好人，爹爹管不得。泪下哽咽哽咽。"

文天祥被押解到菜市口刑场的那天。监斩官问他："丞相还有什么话要说？回奏还能免死。"文天祥喝道："死就死，还有什么可说的！"他又问监斩官："哪边是南方？"有人给他指了方向，文天祥向南方跪拜，说："我的事情完结，心中无愧了！"

元廷召见文天祥告谕说："你有什么愿望？"文天祥回答说："天祥深受宋朝的恩德，身为宰相，哪能侍奉二姓，愿赐我一死就满足了。"然而忽必烈还不忍心，急忙挥手要他退去。有的说应该答应文天祥的要求，诏令可以。不一会儿又下诏加以阻止，文天祥已死了。文天祥临上刑场时特别从容不迫，对狱中吏卒说："我的事完了。"向南跪拜后被处死。几天以后，他的妻子欧阳氏收拾他的尸体，面部如活得一样，终年四十七岁。他的衣服中有赞文说："孔子说成仁，孟子说取义，只有忠义至尽，仁也就做到了。读圣贤的书，所学习的是什么呢？自今以后，可算是问心无愧了。"

军事及文学成就

军事成就

宋理宗赵昀开庆元年（1259），文天祥补授承事郎、签书宁海军节度判官。时元军攻鄂州（今武汉武昌），宦官董宋臣主张迁都避兵。文天祥尚未就职，即上书宋廷，建策建方镇分地防守，从民兵中选精兵，破格选用将帅。并请除杀动摇民心的董宋臣，未被采纳，辞官回乡。后起任刑部郎官、知瑞州、尚书左司郎官等职。宋度宗赵禥咸淳六年（1270）四月，文天祥任军器监、兼权直学士院，因草拟诏书有讽权相贾似道语，被罢官。宋恭宗赵㬎德祐元年（1275），元军沿长江东下，宋守将多降。文天祥倾尽家财为军资，招勤王兵至 5 万人，入卫临安（今杭州）。上书力陈分全国为四镇，集中财力、军力抗元。旋为浙西、江东制置使兼知平江府。遣将援常州（今属江苏），因淮将张全见危不救而败，退守余杭（今杭州西）。德祐二年（1276）力请同浙西制置副使兼知平江府张世杰率京师军民 20 余万，与元军背城一战，宋廷不许。文天祥旋任右丞相兼枢密使，奉命赴元军议和，因面斥元丞相伯颜被拘留，押解北上途中逃归，泛海至温州（今属浙江）。五月，在福州与张世杰、礼部侍郎陆秀夫、右丞相陈宜中等拥立益王赵昰为帝，文天祥任枢密使、同都督诸路军马。建策取海道北复江浙，为陈宜中所阻，遂赴南剑州（今福建南平）聚兵抗元。十一月，进军江西失败。宋端宗赵昰景炎二年（1277）五月，文天祥在各地抗元义军和人民支持下，再攻江西，于雩都（今于都）击败元军，收复兴国（今属江西）及赣州、吉州的属县，终因势孤力单，败退广东。宋赵昺祥兴元年（1278）十二月，文天祥在五坡岭（今广东海丰北）被俘。次年，元蒙古汉军都元帅张弘范将其押赴崖山（今新会南），令招降张世杰。文天祥拒之，书《过零丁洋》诗以明志。

文学成就

文天祥在文学研究上除了《御试策道》这篇哲学专著外，再无其他专题研究或专著，这是由于当时的环境不允许他坐下来进行专题研究所致，除对策、封事等外，他在百忙中不却友人之所托，写了大量的文稿，其中包括序言、墓志铭、寿序、赞、颂、祝辞、书、启、跋等各种不同形式的文体。此外，诗、词最多，除了《指南录》和《指南后录》和《吟啸集》外，还有《集杜诗》200 首以及《十八拍》和少量的词等。这是最有价值的著作，称之为史诗。此外还有在抗元前的部分诗稿。

文天祥在文学创作尤其是对诗词的创作上，有两个显著特色，这两个特色即分为前期和后期两个阶段。所谓前期指的是赣州奉诏勤王开始至夜走真州这个阶段。当时虽然南宋小朝廷处于多难之秋，朝内执政者又是昏庸利禄之辈，但文天祥自己积聚了兵丁，他们是自己"乃裹饿粮"来到军营中的，是一支爱憎分明、具有战斗力的队伍。因此在文天祥的心目中，复兴南宋和收复失地有望，这一时期写的诗歌的特点是清新、明快、豪放，感情特别丰富，浓郁，常以饱满的战斗精神勉励自己，使人读之如饮郁香的葡萄美酒，沁人肺腑。如《赴阙》一诗。从这些诗章中可以看出文天祥的眼里似乎已经看到前途已呈现光明，复兴有望。后来李庭芝暗示苗再成要将文天祥杀掉，以绝后顾之忧。苗再成通过与文天祥共议复兴大计，觉得李的说法不妥，但又不敢明目张胆违抗，便设"看城子"之计，将文天祥引出城外，然后拒而不纳。文天祥再一次受挫。但他并未气馁，而是斗志昂扬地接受新的战斗。他写了《高沙道中》这首长诗，运用了平易流畅的散文化语言，按照时间顺序，周详而不零碎地将他出真州城后身历险境的经过和盘托出，使人读之如身临其境。全诗每句五言，隔句押韵，长达80多韵，一韵到底。读后大有浑浩流转的感觉，难怪后人读此诗后，觉得可与杜甫写的《北征》相媲美。这段时间，文天祥写的诗篇较多，内容大都振奋人心，可以说是两个特色时期的中间时期，亦即过渡时期。

到了福安之后，情况起了根本性的变化。皇帝仍被陈宜中等人把持。虽然文天祥由行朝给了官职，但是不允许在行朝工作，连要求开府于永嘉（温州）也不允许，最后决定让其开府于南剑（今福建南平），不久已移开府于汀州再至漳州，于此可知文天祥这个枢密使、都督诸路军马这个职衔，不过是一个形同虚设的官衔名称而已。这一时期，文天祥在诗词写作上，开始显露出后期阶段的特色，大都有对人生旅途多"险阻艰难"未尽人意的感叹。

特别是在祥兴二年（1279）二月六日，张弘范集中兵力破崖山，强制文天祥与之随船前去。文天祥坐在另一舟中看到宋军被元军打败的惨景，心中犹如刀割，深恨竖子大不争气，致有此败，造成行朝覆灭。乃作长诗以哀之。诗题为《二月六日，海上大战，国事不济，孤臣天祥，坐在舟中，向南恸哭，为之诗》一首，表达了当时文天祥的心情是何等的沉痛，对贾似道、陈宜中之流所造成的恶果无比痛恨。文天祥这一阶段写的诗词，既悲壮、沉痛，又秀腴，典雅。

【毛泽东评说】

1930 年 10 月，红军占领江西吉安，毛泽东进城后数点吉安古今风流人物说："自古以来，庐陵吉水是人杰地灵之地"，又说"民族英雄文天祥，就是吉安富田人"。

——盛巽昌：《毛泽东眼中的历史人物》，世界知识出版社、上海辞书出版社 2003 年版，第 328 页。

1939 年 4 月 8 日，毛泽东在延安抗大工作总结大会作演讲时，就革命者要有气节的事说道：一种人被捉了，要杀就杀，这种英勇的人中国历史上很多，有文天祥、项羽、岳飞，决不投降，他们就有这种骨气。

——陈晋：《毛泽东的文化性格》，中国青年出版社 1991 年版，第 240 页。

1939 年 4 月 29 日，毛泽东在延安活动分子会议上的报告中指出："文天祥、岳武穆就是为国尽忠，为民族行孝的圣人。"

——中共中央文献研究室编：《毛泽东著作专题摘编》，中央文献出版社 2003 年版，第 2288 页。

1964 年 2 月 13 日，毛泽东在春节座谈会上说：历史上的状元，出色的没有几个。唐朝的李白、杜甫两大诗人都不是状元，出色的状元只有文天祥。

——盛巽昌：《毛泽东眼中的历史人物》，世界知识出版社、上海辞书出版社 2003 年版，第 328 页。

1964 年，曾为毛泽东开过一个时期车的朱德奎得肝炎住院，毛泽东几次问起他的病情，当得知他有悲观情绪，手书南宋文天祥的名句："人生自古谁无死，留取丹心照汗青。"让人给他送去，并嘱咐说：死都不怕，还有什么可怕的，更不怕养不好病了。

——徐新民编：《在毛泽东身边》，中共中央党校出版社 1983 年版，第 207 页。

1964 年，毛泽东让王海容读文天祥的《过零丁洋》诗。然后，毛泽东问道:"假如敌人把你捉去了,你怎么办?"王答:"人生自古谁无死,留取丹心照汗青。"毛泽东说:"对了。"

——盛巽昌:《毛泽东眼中的历史人物》,世界知识出版社、上海辞书出版社 2003 年版,第 329 页。

毛泽东在读《新唐书》卷一百十三《徐有功传》时批注曰:"'命系庖厨',何足惜哉,此言不当。岳飞、文天祥、曾静、戴名世、瞿秋白、方志敏、杨虎城、邓演达、闻一多诸辈,以身殉志,不亦伟乎!"

——中共中央文献研究室编:《毛泽东读文史古籍批语集》,中央文献出版社 1993 年版,第 237 页。

【作者述评】

文天祥(1236 年 6 月 6 日—1283 年 1 月 9 日),初名云孙,字宋瑞,又字履善,道号浮休道人、文山,吉州庐陵(今江西省吉安市青原区富田镇)人,南宋末年政治家、文学家,抗元名臣,民族英雄,与陆秀夫、张世杰并称为"宋末三杰"。

宋理宗赵昀宝祐四年(1256),文天祥中进士第一,成为状元。一度掌理军器监兼权直学士院,因直言斥责宦官董宋臣,讥讽权相贾似道而遭到贬斥,数度沉浮,在三十七岁时自请致仕。宋恭宗赵㬎德祐元年(1275),元军南下攻宋,文天祥散尽家财,招募士卒勤王,被任命为浙西、江东制置使兼知平江府。在援救常州时,因内部失和而退守余杭。随后升任右丞相兼枢密使,奉命与元军议和,因面斥元主帅伯颜被拘留,于押解北上途中逃归。不久后与张世杰、陆秀夫等在福州拥立益王赵昰为帝,因建策不被采纳而赴南剑州聚兵抗元。宋端宗赵昰景炎二年(1277)再攻江西,终因势孤力单,败退广东。宋赵昺祥兴元年(1278),在五坡岭被俘,押至元大都(故址在今北京城区北部及城北近郊的一部分),被囚达三年之久,屡经威逼利诱,仍誓死不屈。元世祖忽必烈至元十九年十二月(1283 年 1 月),文天祥从容就义,终年四十七岁。明代时追赐谥号"忠烈"。

文天祥多有忠愤慷慨之文，其诗风至德祐年间后一变，气势豪放，允称诗史。他的著作经后人整理，被辑为《文山先生全集》。

毛泽东十分赞扬文天祥，说他是民族英雄，并经常以他的著名诗句"人生自古谁无死，留取丹心照汗青"教育别人。毛泽东在读《新唐书》卷一百十三《徐有功传》时批注曰："'命系庖厨'，何足惜哉，此言不当。岳飞、文天祥、曾静、戴名世、瞿秋白、方志敏、杨虎城、邓演达、闻一多诸辈，以身殉志，不亦伟乎！"这句话是他读《新唐书》的《徐有功传》的批语。徐有功是唐朝武则天执政时期的执法大臣。他秉公执法，不徇私情，屡遭权贵嫉恨和诬陷，曾三次被判死刑，却守法不阿。他在一次被弹劾罢官又被起用时，给武则天写了一封奏折，其中有"命系庖厨"的话，意思是说，生活在山林里的小鹿，很难逃脱被猎杀，成为人们厨房里案板上的肉的命运。徐有功以鹿自喻，说出了作为正直不阿的执法大臣的共同命运。在毛泽东看来，为公正执法而死，以身殉志，是很伟大的。毛泽东从徐有功谈死，联想到许多古今志士、仁人，其中他想到的第一个便是岳飞，第二个便是文天祥，可见文天祥在他心目中的地位。

曾　静

【曾静小传】

曾静（1679—1735），清湖南永兴（今湖南永兴大布江乡较头村蒲箕塘）人，号蒲潭先生。县学生员，授徒为业，性迂阔，喜谈道学，有反清思想。雍正帝即位后，曾静鼓动川陕总督岳钟琪反清，岳钟琪即具折上奏，雍正帝派人拘讯曾静，曾静供认不讳。这一谋逆大案因案情牵连诸多官员，将吕留良全部遗著焚毁，吕留良戮尸，家人流放。乾隆即位后，将其罪名改定为"诽谤先帝"，曾静与同伙张熙一同被凌迟处死。著有《知几录》《知新录》，均未刊行。

生平事迹

曾静应试靖州时，得读吕留良所评点时文，中有论"夷夏之防"等语。派门人衡阳张熙专程去浙江吕家访求书籍。时留良早死，其子毅中将乃父遗书全交张熙。曾静见留良书中多反清复明之意，愈加钦信。因与留良弟子严鸿逵及鸿逵弟子沈在宽等往来投契，每赋诗相赠答。曾静所著《知新录》中谓"中原陆沉，夷狄乘虚，窃据神器，乾坤翻复"；"华夷之分，大于君臣之伦，华之与夷，乃人与物之分界"。

时清世宗胤禛雍正帝即位不久，软禁其弟胤禩，并将其同党发遣广西。诸人路过湖南时，传播雍正阴谋夺位事。曾静闻悉，以清朝末运已至，遂筹划推翻清廷。闻川陕总督岳钟琪拥有重兵，不为朝廷信任，深自危疑，因派张熙投书钟琪，并列举雍正帝罪状，力劝钟琪反清。钟琪即具折上奏。雍正帝派人拘讯曾静，供认不讳，被解京师，张熙也同时解到。雍正帝始觉吕留良等宣扬华夷思想，具有广泛基础，而胤禩等人流言，实属为患非小。至于曾静，属于乡曲"迂妄之辈"，不足为大患。七年（1729）九月，雍正帝将与曾静问答之词，编为《大义觉迷录》，派大员带领曾静到江宁、杭州、苏州等地，进行宣讲，对留良、胤禩辈言论，进行批驳。同时，大兴文字狱，将吕留良的全部遗著焚毁，留良与其子葆中及鸿逵虽死，俱戮尸枭示，毅中、在宽皆斩决，族人俱诛，孙辈发往宁古塔为奴。黄补庵常自称吕留良私淑弟子，车鼎丰、鼎贲曾刊刻吕氏书籍，孙用克、敬舆等私人藏吕氏书，都遭株连坐罪，死者甚众。雍正十三年冬（1735），乾隆即位，终以"泄臣民公愤"为由，将曾静、张熙处死。

心路历程

曾静供称：

弥天重犯生于楚边，身未到过大都，目未接见文人，见闻固陋，胸次尤狭，只有一点迂腐好古好义之心，时存于中而不可泯。加以吕留良之文评，盛行于世，文章举子家，多以伊所论之文为程法，所说之义为定义，而其所讥诋本朝处，又假托《春秋》之义，以寄其说于孔子口中，所以不得不令愚人信其实。弥天重犯心下虽不知本朝得统来历，与列圣相承功德，然生圣祖皇帝之朝，赖圣祖皇帝之恩，自祖父以来，无干戈之扰，无苛政之苦，休养生息，以乐以利，大是安业顺化，胸中原无此说。无奈吕留良将此义发得惊异，且以为说出于孔子。弥天重犯虽不识吕留良如何人，焉有不信孔子？且浅陋无知，胸中实别寻义理解脱不出，因妄自揣量，以为士人读书，无事不当以孔子为法，岂有当前一个这样大的名义全不照管，竟将孔子一部《春秋》囫囵吞下去，如何使得。所以抱此疑团，陷身大逆而莫救。

直到今日想来，当时之所以别寻个义理解脱不出者，只为心中不知本朝龙兴之原，与列圣递承之绩，所以为一部《春秋》束缚。若晓得这两个缘故，本朝名正言顺，大义亭亭，关《春秋》所摈甚事，与管仲所攘何涉，又何至为彼说所拘局。弥天重犯今日之所以切齿痛恨于吕留良者，为伊生于明末之季，身处江浙人文之区。于本朝功绩岂有不知，以伊之聪明才性，本朝如此亭亭大义，岂看不出，即托身于儒林，合该早将斯义表白于天下，使天下读书士子，晓然知本朝大功大德，名正言顺，尊之亲之，而勿致疑于孔子《春秋》之说。此方是吕留良当身之正义，如何反将此正大义理隐蔽，不见宣发，竟支吾旁引《春秋》之义，以抵当本朝。

既背经文之旨，复乖当身之义，且流说于士林，遗累于国家。今日士子之从事举业文字，晓得他的说话者，胸中未尝不染其恶。但所知有浅深，是以受病有轻重，求其能卓然自信，知吕留良之说为非，而复解脱得一部春秋之义，与本朝丝毫无碍者实少。盖人纵晓得本朝功德之隆，治业之盛，远驾汉唐，而直接三代，与圣人之生，原无分于东西；然终不能去吕留良之说。而紧抱一部《春秋》义旨，在言下不是说坏本朝不是圣人，定会诽谤孔子错作《春秋》，此弥天重犯前在长沙两次亲供，解说此义。到今日思来，实是皇天眷佑我朝，知得我朝正义正名，久为逆说掩蔽于士庶人之胸，所以假弥天重犯之口，曲折阐发此义，使天下万世共尊共亲，无毫发遗玷于我朝之圣德神功，故必如弥天重犯之亲身经历，方晓得此义。

从前错误，实由于无知，而过信吕留良之说所致，今得圣谕开示，复就伊荒唐鄙谬，无中生有地说话思之，并考吕留良的时地与其学问心术，知得彼非不知而看错，实出于有意以诋诬也。所以于本朝一切实有征应之事迹，则概为隐匿而不书，而专以捏造妄幻惑人观听为事，全不知食本朝之粟，履本朝之土，食德服畴，以有其身家，育其子孙者数十年，皇恩之当报，而竟无顾忌，相视如仇敌。今观其说话，全是以张佞利之口，逞其忿戾凶顽之习，而复七为藏奸隐诈，假托圣贤之说，盗名理学大儒，以欺世而惑人。自古以来乱臣贼子，包藏祸心，诱变士子，陷害良民者，未有如吕留良可痛可恨之甚也。然在重犯因过信吕留良逆说，与误听谣言，而身陷极恶大罪以来，每清夜自思，心虽无恶，罪实难解。

曾静以文字狱被杀

清朝大兴文字狱，是为了巩固满人的统治，压制汉人的民族反抗意识，树立清朝统治的威严，从而加强君主对思想的统治。文字狱所造成的危害是：社会文人陷入恐慌，文化凋零，思想停滞不前，阻碍社会发展。

而清朝的文字狱兴起的原因大致有三：

因满清统治前，天下是明朝及汉人的天下，清朝入关后不愿提起这段往事，对过去之事，讳莫如深。因而大兴文字狱，不只将从前的书籍销毁，更是不容忍有任何人收藏、私藏这些书，违令者，以"大逆之罪"论处。

清初反清复明之音久久不曾停歇，尤其那些仍留恋明朝的人，宣扬"夷夏之人如何立国""夷夏之防"等观念。这对大清的君主统治百姓、巩固思想极其不利。为了巩固思想统治，清朝君主务必要对反清思想用暴力加以打击。

因为清圣祖玄烨康熙统治后期出现了"九子夺嫡"事件，统治阶级内部权力斗争愈加激烈，在清世宗胤禛雍正皇帝即位后，为了巩固自己的统治，大兴文字狱，以达到打击"党附诸王"势力的目的。"九子夺嫡"，是指清朝康熙皇帝的儿子们争夺皇位的历史事件。当时康熙皇帝序齿的儿子有 24 个，其中有 9 个参与了皇位的争夺。九个儿子分别是：大阿哥爱新觉罗·胤禔、二阿哥胤礽、三阿哥胤祉、四阿哥胤禛、八阿哥胤禩、九阿哥胤禟、十阿哥胤䄉、十三阿哥胤祥、十四阿哥胤禵。最后四阿哥胤禛胜出，在康熙帝去世后继承皇位，为雍正帝。

雍正年间并不是涉及文字狱的所有犯人都被处斩，有一人却得到了雍正的赦免，这个人就是曾静。曾静是一个落魄秀才，因不满清朝制度，渐渐有了反清复明之想法。他派他的学生给陕西总督岳钟琪投了一份书信劝他谋反，岳钟琪假意与他同盟后，揭开了吕留良文字狱的序幕。

曾静入狱后，雍正皇帝曾亲自审问，在审问时曾静将所思所想据实相告，之后说自己犯下重罪，受了吕留良的谋逆之说的影响，又说自己"向为禽兽，今转人胎"，又写了一篇《归仁说》，把清朝统治一顿猛夸，于是雍正皇帝便下令释放曾静，赦免他与他的学生。雍正皇帝在临死前，将此事告诉清高宗弘历乾隆皇帝，然而乾隆皇帝继位后，却立刻下旨杀了曾静及他的学生，这是为什么呢？

雍正皇帝曾编《大义觉迷录》，将他与曾静的对话全部写入其中，并下令流传民间，以宣传他的仁德。雍正皇帝下了一招很高明的"棋"，杀了吕留良，却留下了曾静，一方面可以扼杀一部分反清复明的思想，杀一儆百；另一方面，又宣传了自己的仁德形象，可谓一箭双雕。所以对《大义觉迷录》中曾静的反清思想并不惩戒。可乾隆皇帝却不一样，他觉得这是藐视先祖，即位后便下令收缴焚毁《大义觉迷录》，留下的也是经过删减改编的。

清高宗弘历乾隆十三年（1748），曾静及他的学生被乾隆皇帝下令凌迟处死，理由是：藐视自己可以饶恕，可却不允许藐视先祖，这是大不敬的。因此历史上最大的文字狱案是因曾静的死而宣布落幕。

文字狱使文人们不敢发表自己的意见和看法，禁锢思想，社会发展停滞不前，而到了嘉庆皇帝年间，开始为文字狱平反，清朝的文字狱慢慢地落下了历史帷幕。

曾静供出他的思想来源于浙江已故文人吕留良的观点，这一下子，雍正的精力便集中在这件案子上了。这案中涉及的人牵一挂五，拉三携四，他们的受到株连的人多达几万人，牵涉的地域之广也无他可比。而雍正的大臣们认为"若非由内及外，由满而汉，谁能以影响天下之言论为可信"。他们认为这些民间的传说来自官场，其本源必定在宫廷大内——雍正的对立面。结果是什么人都受到怀疑，就连流放的犯人也成了传播这些隐秘的嫌疑犯。由于曾静特别推崇吕留良，而吕留良是顺治十年（1653）中的秀才，后因悔恨猎取清朝功名，在康熙五年（1666）弃掉功名。因此，康熙十八年，当时的地方官员向朝廷举荐他，他誓死不就。

第二年吕留良又被人举荐，他仍旧不理睬，因此名气很大，享有"东海夫子"之称。吕留良对清朝不满，尤其不以效忠夷狄政权为荣，他还开办学堂，教育自己的弟子站稳华夏的民族立场。因为吕留良这个坚定的立场，又因为他的理学家声望，所以当时有许多人投拜到他门下，大有"穷乡晚进有志之士，风闻而兴者甚众"之势。一个早就作古的顽固文人还有这么大的影响，由不得雍正用猛刑对待吕留良一案。

雍正八年（1730）十二月刑部提出结案的议文，雍正将此议文交给各个省讨论，并下令焚尽吕留良的所有著书。雍正又命大学士朱轼等人批驳吕留良的著书讲义、语录。雍正十年，这个案子才正式定案，判决将吕留良及其儿子、当时已故进士吕葆中，以及已故吕留良学生严鸿逵戮尸枭首；而将吕留良活着的儿子吕毅中、学生沈在宽斩首示众；吕留良和严鸿逵的孙辈遣送到黑龙江宁古塔给披甲人戍边士兵为奴，女的为军妓，男的为杂役。案中被牵连的黄补庵已死，妻妾子女与人为奴，父母祖孙兄弟流放三千里。

而为吕留良著作刻书印刷的人车鼎臣、车鼎贲，以及与吕留良交往人，收藏吕留良书籍的人，均被处死。吕的门人有的被革去举人、监生、秀才功名的，有的妻子被流放千里之外，吕留良学生的学生、吕留良的同乡也丢官的丢官，丧命的丧命。当时引发此案的曾静、张熙二人一直在家候旨，还幻想着为雍正洗清罪名，被雍正重用。乾隆帝即位后便杀了这两个人。

莫谈国事由此开始文字狱一起接一起，许多人家的家规，只要有清、满等字，就有可能被人挑刺、告状。朝廷官员之间更是相互蓄积陷害、报复。父亲因一句诗招来"戮尸枭示"的大祸，子女也被流放边疆的事屡屡发生。刑部尚书的儿子因做诗文有"明月有情还顾我，清风无意不留人"，结果按大不敬律斩首。还有的拍马屁没拍到点上，反而成了文字狱的受害者，福建汀州范世杰批曾静，赞雍正，不想被雍正误会了，而被说成造谣生事，受到"若再多事，即治罪"的警告。

【毛泽东评说】

毛泽东在读《新唐书》卷一百十三《徐有功传》时批注曰："'命系庖厨'，何足惜哉，此言不当。岳飞、文天祥、曾静、戴名世、瞿秋白、方志敏、杨虎城、邓演达、闻一多诸辈，以身殉志，不亦伟乎！"

——中共中央文献研究室编：《毛泽东读文史古籍批语集》，中央文献出版社 1993 年版，第 237 页。

【作者述评】

毛泽东认为曾静因文字狱被清廷所杀，是很伟大的。毛泽东在读《新唐书》卷一百十三《徐有功传》时批注曰："'命系庖厨'，何足惜哉，此言不当。岳飞、文天祥、曾静、戴名世、瞿秋白、方志敏、杨虎城、邓演达、闻一多诸辈，以身殉志，不亦伟乎！"

这句话是他读《新唐书》的《徐有功传》的批语。徐有功是唐朝武则天执政时期的执法大臣。他秉公执法，不徇私情，屡遭权贵嫉恨和诬陷，曾三次被判死刑，却守法不阿。他在一次被弹劾罢官又被起用时，给武则天写了一封奏折，其中有"命系庖厨"的话，意思是说，生活在山林里的小鹿，很难逃脱被猎杀，成为人们厨房里案板上的肉的命运。徐有功以鹿自喻，说出了作为正直不阿的执法大臣的共同命运。在毛泽东看来，为公正执法而死，以身殉志，是很伟大的。毛泽东从徐有功谈死，联想到许多古今志士、仁人，其中他想到的第一个便是岳飞，第二个是文天祥，第三个便是曾静，可见曾静在他心目中的地位。

戴名世

【 戴名世小传 】

戴名世（1653—1713），字田有，一字褐夫，号药身，别号忧庵，晚号栲栳，晚年号称南山先生。死后，讳其姓名而称之为"宋潜虚先生"。又称忧庵先生。江南桐城（今安徽桐城）人。

康熙四十八年（1709）己丑科榜眼。戴名世20岁授徒养亲，27岁所作时文为天下传诵。康熙二十二年（1683）应试。二十六年，以贡生考补正蓝旗教习，授知县，因愤于"悠悠斯世，无可与语"，不就；漫游燕、赵、齐、鲁、越之间。康熙五十年（1711），左都御史赵申乔据《南山集·致余生书》中引述南明抗清事迹，参戴名世"倒置是非，语多狂悖"，"祈敕部严加议处，以为狂妄不敬之戒"——由是，《南山集》案发，被逮下狱。五十二年（1713）二月初十日被杀于市，史称"南山案"，戴名世后归葬故里，立墓碑文曰"戴南山墓"。

人物生平

家庭背景

戴名世，顺治十年（1653）生，幼时家境相当贫寒，对他来说，这是一个窘困多艰的时期，也是一个发愤立志的时期。其坎坷不平的生活经历，以及由此而来的生活磨炼，不仅铸就了戴名世独特的性格特征，而且也为他日后的思想发展奠定了坚固的基础。戴名世自幼即刻苦上进，力学古文不辍。他"一日不读书，辄忽忽如有亡失；但得一书，往复观玩，可以忘寝食"（《与朱生书》）。戴名世六岁开蒙就读，十一岁熟背《四书》《五经》，被乡里长辈公认为戴氏"秀出者"（《戴母唐孺人寿序》）。由于孜孜不倦地追求，戴名世年未及弱冠即善为古文辞，二十岁起开始授徒以养亲，二十八岁以秀才入县学，不久后以拔贡生入京师，补为正蓝旗教习。

开馆执教

戴名世十三年的开馆执教，使其对社会对生活都有了较深刻的理解和认识。在明清之际炽热的民族思想推动下，戴名世在青少年时期就日渐树立起"视治理天下为己任"的豪情壮志。

戴名世三十四岁时被督学使者李振玉荐入国子监。作为一个正直的文士，他不愿"曳侯门之裾"，因此只能过着冷落、孤寂的生活。此后，他在京师与徐贻孙、王源、方苞等人相聚，往往"极饮大醉，嘲谑骂讥"，使达官贵人们侧目。戴名世与方苞等人的结合，是以针砭时弊、振兴古文为共同旨趣的。他们每每"酒酣论时事、吁嗟咄嘻，旁若无人"（戴名世《北行日记序》）。这毫无疑问招来了公卿大夫们的仇视和攻击。而他们在古文创作方面的长期切磋研讨，也有力地推动了古文的发展；他们的古文创作实践，又哺育着桐城派的诞生。

戴名世早就立下了"欲上下古今，贯穿驰骋，以成一家之言。……则于古之人或者可以无让"（《初集原序》）的宏大愿望。当时，因为明史资料散佚颇多，有些又失于记载，因此尚无人能写明史。而戴名世每以史才自负，他很想仿效《史记》形式，作出纲目，然后广泛搜罗资料，相互参证，力求真实，写出一部有价值的著作。因此他广游燕赵、齐鲁、河洛及江苏、浙江、福建等地，访问故老，考证野史，搜求明代逸事，不遗余力。一时之间，文名播于天下。

清圣祖玄烨康熙四十一年（1702），戴名世的弟子尤云鹗把自己抄录的戴氏古文百余篇刊刻行世。由于戴氏居南山冈，遂命名为《南山集偶抄》，即著名的《南山集》。此书一经问世，即风行江南各省，其发行量之大，流传之广，在当时同类的私家著作中是罕见的。正是这本书，使戴名世流芳文坛两百多年，却也使他遭致杀身大祸。

晚年生活

戴名世在晚年，基本上持一种与清政府合作的态度。清圣祖玄烨康熙四十四年（1705），戴名世年已五十二岁，赴顺天乡试，中第五十七名举人。第二年参加会试未中，复于康熙四十八年（1709）再试，中会试第一名，殿试以一甲第二名进士及第（俗称榜眼），授翰林院编修，在京供职，参与明史的编纂工作。时过两年，即因行世已久的《南山集》中录有南明桂王时史事，并多用南明年号，被御史赵申乔参劾，以"大逆"罪下狱，又两年后即康熙五十二年（1713）被处死，终年六十岁。

此案株连数百人，震动儒林。当时政界和学术界的知名人士如桐城派开山鼻祖方苞、侍郎赵士麟、淮阴道王英谟、庶吉士汪汾等三十二人都被牵连其中。这就是著名的"清初三大文字狱"之一的"《南山集》案"。

"《南山集》案"的发生有着深刻的政治背景和社会原因。满清贵族入关掌握中原政权后，虽然采取了一些笼络人心的措施，但"剃发""圈地"等一系列野蛮的民族压迫政策使人心思变，清统治颇为不稳。于武力镇压后，清廷又特别重视从思想上加以严厉钳制，动辄屡兴大狱，深文周纳，罗织罪名，对他们认为不驯服的知识分子进行酷烈的镇压。戴名世遂罹其难。

文史成就

戴名世在文学、史学方面都有相当大的成就。从《南山集》中可看出他的散文是沿着明代唐宋派的道路在发展，有其特色。他与桐城派方苞交往甚密，论文主张对桐城派古文的发展有一定影响。他认为作文当以"精、神、气"为主，语言文字为次（《答张、伍两生书》）。他又认为文章之所以能传神，关键在于"义理"，而"语气"则是从属之物（《有明历朝小题文选序》）。他提倡文章要平易自然而言之有物，反对藻饰剿窃，认为"自然之文"才是文章的最高标准，而文章只有讲究"精"与"神"才能达到"自然"的境界。同时，他又指出自然之文也必须"道、法、辞"三者均备，即思想内容、结构法则与语言应当完美结合，三者缺一不可（《与刘言洁书》《己卯行书小题序》等）。所有这些主张都为桐城派的形成奠定了深厚的理论基础。

戴名世文章以史论、史传、游记、序跋为主。他对史学很感兴趣，时常倾慕司马迁、欧阳修独自修撰《史记》《五代史》。他每读《史记》，联想今世，常感慨万端，痛惜明清之际许多可歌可泣的忠臣义士以及许多使人痛恨的乱臣贼子事，皆湮没于世，而有明一代的成败得失，也不得闻之于后人。因此他决心仿效司马迁、欧阳修，立志修撰《明史》。这样他在漫游天下时就有心收集逸闻遗编，特别是有关南明王朝的史事。他曾说自己"二十年来，搜求遗编，讨论掌故，胸中觉有万卷书，怪怪奇奇、滔滔汩汩，欲触喉而出……欲将之名山中，洗涤心神，餐吸沆瀣，息虑屏气，久之乃敢发凡起例，次第命笔"（《与刘大山书》）。由于他生活十分穷困，藏书甚少，又忙于教书，亦无闲暇，因此他本来是准备等材料搜集全之后，年老退隐名山，专事著述，但此愿未了而大难猝然临头。他著述的志愿虽然最终未能完成，但《南山集》一书亦可名垂后世，足彰其志。他所撰的史论、史传等，算是对行游天下、考稽佚失旧闻的一个小结。

史传文学

戴名世所作最佳的散文首推史传文学和游记。《南山集》今本卷六、七、八的数十篇传记，卷十一的五篇《日记》，卷十二《孑遗录》，卷十三的四篇《纪略》等，既表彰了明亡之后坚持民族气节、隐居不仕的读书人，又歌颂了抛却一己之私、奔走于抗清事业的忠贞烈士，同时还在有的章节（如《曹先生传》）中将他们与那些"受人主知遇得富贵而反颜事仇者"作一对比，讽刺了为求富贵而摇身一变、腆颜事清的无耻故明官僚。戴名世以史迁为师，史传作品成就最高，或谓"先生为文得司马子长之神，归熙甫（有光）后一人"（邓实《戴褐夫集跋》）。《画网巾先生传》是他的名篇，堪称史传文学中的佳作。此文用极其生动的笔调刻画了一个"其姓名爵里皆不得而知"的反清英雄形象，虽实录其事而人物个性鲜明，通篇寓庄于谐，情趣盎然，继承了司马迁史传文学的优秀传统。因为他的史传普遍笔法生动洗练而又述事周详，故梁启超称赞他"史才特绝"。

《南山集》中的一些游记散文如《游天台山记》《龙鼻泉记》《雁荡记》《游大龙湫记》等，"空灵超妙"（方宗城《桐城文录序》），写山川景色颇细，文笔清丽生动。

讽刺小品

戴名世的讽刺小品文，如《鸟说》《邻女语》《醉乡记》等都相当有名。这些小品文拟人写物、以物喻人，针砭时事，入木三分。《鸟说》用小鸟的遭遇倾诉自己和身处底层的人民的不幸，堪称短篇佳制。《邻女语》是一篇寓言体杂文，写西邻女陋而善嫁，东邻女虽美而无聘之才，出现这种反常现象的原因是西邻女善于取悦世人，"随时为巧靡之涂妆"，而东邻女却不以媚世以邀宠，故终"无聘之者"。这个小品讽刺了当时社会上是非不分、黑白颠倒、埋没人才的丑恶现象。《醉乡记》则用一个"天地为之易位，日月为之失明"的大醉乡来讽刺当时社会。在这个醉乡里，少数清醒者却反而被醉客"指以为笑"。与蒲松龄《聊斋志异·罗刹海市》表现了异曲同工的深刻寓意。

《南山集》原刻本遭禁毁已不可见，但它为作者在历史上留下了铮铮文名。而在《南山集》案中首告戴名世的赵申乔，无论他与戴有否嫌隙，为了对朝廷表忠诚而不惜致人于罪，毕竟难免有邀功请赏之嫌，且祸及数百人，酿成一个大肆迫害文人学士的文字狱案，因此赵申乔颇为士林所不齿。而戴名世的著作虽遭焚毁，沉冤数百年，但后人对其人品文章都十分景仰，以至于其后的一百几十年中，清朝统治者虽上下搜索，几令禁毁，但《南山集》仍不断被人们秘密传抄，不时变换名称在民间出现。为逃避迫害者的耳目，人们将其改名为《潜虚先生文集》流传于世。清中叶清宣宗旻宁道光以后，清廷对文化的控制有所松动，所刻版本逐渐增多。戴名世生前所刊印的《南山集偶抄》所收文章仅百十余篇，其数量仅占戴氏全部著作的五分之一。作者死后，陆续有人搜集整理其遗作，如道光年间其族人戴钧衡编《潜虚先生文集》，清德宗载湉光绪年间张仲沅编《戴南山先生古文全集》等，后来又有许多翻印本。然诸书中均有脱漏讹误。今中华书局版《戴名世集》，乃王树民以张氏刻本为基础，兼取见于各本而为张氏未收之文及作者部分手稿，汇集成书。全书共十五卷，以文体分类，收集完备，是目前最为流行的本子。

先君序略

先君讳硕，字孔万，号霜岩，一号茶道人。家世孝悌力田，以赀乡里。里中皆称戴氏忠厚长者，县大夫辄尝馈问，以风示县人。

先君为人醇谨，忠厚退让，从不言人过矣。与人交，无畛域；与人语，辄以为善相劝勉，津津不休，一见之此语，再见之亦此语，有兴起者，辄喜不寐。无老幼贤愚，皆服其长者，不敢犯；犯之亦不校，生平未尝有与人失色失言者。第其艰难险阻，备尝人间苦，不能以告人也。岁甲午，年二十一，补博士弟子。家贫，以授经为业。岁辛丑、壬寅间，始担囊授徒庐江，岁一再归，博奉金以活家口。顷授徒里中，然性不喜家居，辄复客于外。今竟死于外。呜呼，悲哉！

其为文不属草，步阶前数回，即落笔就之，不改窜一字。尤喜诗。诗词大抵多悲思凄楚之音，凡百余卷，皆可传诵也。自以荏苒半生，坎坷无一遇，米盐常缺，家人儿女依依啼号，尝曰："读书积善欲获报，如捕风捉影。如吾等者，岂宜至此！"时形诸感叹。家人唯吾母事之谨，儿子辈妄意他时富贵以娱亲，朝夕定省、甘旨皆缺。

先君卒于陈家洲。洲去县一百四十里，以去岁十月初一日往。先是，先君客舒城山中，夏秋之间治装归矣。忽疮起于足，痛几危，越月始稍稍愈，愈而归。归不复去，以山多峻岭，不可骑，难以徒步也。居无何，足大愈。适吴氏来请，遂去。名世送之郭外，岂知其永诀而遂不复见乎！到洲五十日而卒。先是，十日前有书来，云疮发于项偏左。名世等以先君壮年盛德，此足疾余毒，不为意。已而诸生知不可起，始使人来报，比至，则已不及待矣。先君居洲未两月，而洲之人皆感动。其死也，皆呱呱而泣曰："天无眼矣！"呜呼！人莫不有死，而先君客死，早死，穷死，忧患死，此不肖名世所以为终天之恨，没世而不能已者也。

"南山集"案始末

康熙五十年（1711）十月，左都御史赵申乔以"狂妄不谨"的罪名弹劾戴名世，谓其"妄窃文名，恃才放荡，前为诸生时，私刻文集，肆口游谈，倒置是非，语多狂悖，逞一时之私见，为不经之乱道，……今名世身膺异教，叨列巍科，犹不追悔前非，焚书削板；似此狂诞之徒，岂容滥侧清华？臣与名世，素无嫌怨，但法纪所关，何敢徇隐不言？……"

康熙皇帝命刑部审核此事。刑部官员从《南山集》的《与余生书》中找到了"罪证"。《与余生书》是戴名世写给他的一个门人余湛的。余湛曾偶然同僧人犁支交谈，说及南明桂王之事。犁支本是南明桂王宫中宦者，桂王被吴三桂所杀后，他遂削发为僧，皈依佛教。犁支是经历过南明朝之人，他所述之事应当比较可靠。戴名世得知此消息后，忙赶至余生处，但犁支已离去，二人未能晤面。戴名世于是嘱咐余生把所听到的情况写给他，并与方孝标所著《滇黔纪闻》加以对照，考其异同，发现了一些可疑之处。于是戴名世又写信给余生，询问犁支下落，欲与其"面谈共事"。这就是戴名世因而获罪的《与余生书》的由来。其书中云："……昔者宋之亡也，区区海岛一隅，仅如弹丸黑子，不逾时而又已灭亡，而史犹得以备书其事。今以弘光之帝南京，隆武之帝闽越，永历之帝两粤、帝滇黔，地方数千里，首尾十七八年，揆以春秋之义，岂遽不如昭烈之在蜀，帝昺之在崖州，而其事渐以灭没？……"《与余生书》直接写出了南明政权弘光、隆武、永历三帝年号，且信中又将南明小王朝与三国时期偏居川中的蜀汉、南宋末年退守崖州的宋帝赵昺相提并论。这毫无疑问触动了清统治者敏感的政治神经。康熙龙颜大怒，刑部遂穷究猛治，以"大逆"定狱，提出了株连九族的惩办意见，拟将戴名世凌迟处死，其"弟平世斩决，其祖、父、子孙、兄弟、伯叔父兄弟之子，俱解部立斩，其母女妻妾姊妹、子之妻妾、十五岁以下子孙、伯叔父兄弟之子，给功臣为奴"。康熙五十二年（1713）二月又下诏"法外施仁"，把戴名世凌迟改为斩首，其家人等皆加恩宽免。

与此事有瓜葛被株连者甚众。为刻《南山集》出资的尤云鹗、刻《南山集·孑遗录》的方正玉、为《南山集》作序的方苞等人以绞刑论处。后来康熙又出于收买人心的需要，将原定处死的近百人改为流徙黑龙江宁古塔，罚入汉军旗籍。这时余湛已先死于狱中。后来康熙得知方苞擅长古文，是个难得的人才，遂又下令将其召回，赦免其罪，加以任用。又因《南山集》多采用方孝标《滇黔纪闻》中所载南明桂王明史事，遂牵连至方氏宗族，一并治罪。当时方孝标已经去世，亦因《滇黔纪闻》文字案被剖棺戮尸，妻儿等人被发配流放于黑龙江（后亦被宽免），财产尽没入官。《南山集》案牵连人数达三百人之多，是清前期较大的一桩文字狱案。而戴名世、方孝标的所有著作及书版被清查以烧毁，列为禁书。戴名世死后，由其弟辅世自京扶榇回故里，葬于所居南山冈砚庄之南。

戴名世究为何故被赵申乔参劾，二人是否真如赵申乔在奏疏中所特意声明的"素无嫌怨"？《南山集》一案是否罚不当罪，又何故牵连人数如此之广？历来众说纷纭。清末民国初人周贞亮在无名氏《记桐城方戴两家书案》辩证后所附"识语"说，戴名世会试时名列第一，殿试却屈居第二，仅为"榜眼"，而状元赵熊诏就是赵申乔之子；且戴名世在士林中素享盛名，赵熊诏则才名不显，当时不少人传言赵因贿赂而为状元，赵申乔故先发制人，罗织罪名置戴于死地，以断他人追究之想、塞他人议论之口云云。这一传闻听来虽不为无理，但真凭实据却难以稽考。戴名世与明末清初时的一批遗民毕竟是不同的，他是清王朝科举进士，他早年与清廷不合作的态度到了后期已发生明显转变。他于桐城南山砚庄"隐而复出"，就是他改变态度与清廷合作的突出标志，他已经开始积极为清政府服务了。

《南山集》一案，究其原委，只是因为戴名世《与余生书》中叙弘光帝南京一段，并于文中书"永历"年号等；至于《孑遗录》，虽然记述了明季桐城被兵乱始末，有弘光年号，但也并无特别直接触犯清廷权威的言论。对于南明年号问题，乾隆四年曾修明史，特别到了嘉庆朝，皇帝特谕：甲申以后存福王年号，丙戌以后存唐王年号，戊子以后存桂王年号。这实际上已经不存在因写南明年号而获罪的问题了。《南山集》案之所以处置如此酷烈，株连如此广泛，还是由当时清王朝的政治大气候所决定的，也就前文所说的清廷对知识分子进行思想钳制的需要。中国历史上许多王朝在创建不久，几乎都要紧系文网，对文人进行弹压与恐吓，这似乎已成惯例，而清代尤甚。《南山集》案发时，明清之际的一批遗民如顾炎武、黄宗羲、冒辟疆等人虽已故去，但他们提倡"反清复明"、讲究"夷夏之别"的影响仍然存在，其弟子布于天下。清廷兴"庄氏《明史》案"、"《南山集》案"，无非是借此起到敲山震虎、杀一儆百之作用。由于清政府抓住此事大做文章，《南山集》案就由单纯的年号、明史事而渲染成了旨在谋反的叛逆之举，戴名世也因此被推进了万劫不复的绝境，连清廷重臣大学士李光地亲自出面，"欲疏救于万死一生之地"，也"卒不可得"。

虽然如此，《南山集》中还是不少章节、言辞表现了一定的民族意识和爱国思想。集中用大量的篇幅记载明末清初的史实。史传文学如《朱铭德传》《杨刘二王合传》《杨维岳传》《左忠毅公传》等，或歌颂抗清义士，或表彰入清隐居不仕、品节高尚的志士仁人。其中《左忠毅公传》记故明大臣左光斗事，较《明史》更为详尽具体。而如《弘光乙酉扬州城守纪略》一篇更是赞颂史可法守卫扬州、宁死不屈的英雄气概，并对清兵在扬州城破后屠城七日的罪行加以揭露，全然不知避讳，竟直书其事，表现出了戴氏作为"信史"的胆略。这当然也成为他遭祸的原因之一。

另外，戴名世品性高傲不羁，对达官贵族和那些欺世盗名的无耻文人非常痛恨。他在《南山集·北行日记》中就说自己常"酒酣论时事，吁嗟咄嘻，旁若无人"。这些犀利的言辞难免会触动一些人的"隐疾"，遭到嫉恨。他在《与刘大山书》中曾说自己"占义多愤世嫉俗之作，不敢示世人，恐以言语获罪"。即使这样，他最终还是"以言语获罪"，这在当时也是一个正直文人悲剧性的必然命运。

【毛泽东评说】

毛泽东在读《新唐书》卷一百十三《徐有功传》时批注曰："'命系庖厨'，何足惜哉，此言不当。岳飞、文天祥、曾静、戴名世、瞿秋白、方志敏、杨虎城、邓演达、闻一多诸辈，以身殉志，不亦伟乎！"

——中共中央文献研究室编：《毛泽东读文史古籍批语集》，中央文献出版社1993年版，第237页。

【作者述评】

毛泽东对戴名世评价很高，认为他的被杀，是"以身殉志"，是很伟大的。毛泽东在读《新唐书》卷一百十三《徐有功传》时批注曰："'命系庖厨'，何足惜哉，此言不当。岳飞、文天祥、曾静、戴名世、瞿秋白、方志敏、杨虎城、邓演达、闻一多诸辈，以身殉志，不亦伟乎！"

这句话是毛泽东读《新唐书》的《徐有功传》的批语。徐有功是唐朝武则天执政时期的执法大臣。他秉公执法，不徇私情，屡遭权贵嫉恨和诬陷，曾三次被判死刑，却守法不阿。他在一次被弹劾罢官又被起用时，给武则天写了一封奏折，其中有"命系庖厨"的话，意思是说，生活在山林里的小鹿，很难逃脱被猎杀，成为人们厨房里案板上的肉的命运。徐有功以鹿自喻，说出了作为正直不阿的执法大臣的共同命运。在毛泽东看来，为公正执法而死，以身殉志，是很伟大的。毛泽东从徐有功谈死，联想到许多古今志士、仁人，其中他想到的第一个便是岳飞，第二个是文天祥，第三个是曾静，第四个便是戴名世，可见戴名世在他心目中的地位。

瞿秋白

【瞿秋白小传】

瞿秋白（1899 年 1 月 29 日—1935 年 6 月 18 日），本名双，后改瞿爽、瞿霜，字秋白，生于江苏常州，中国共产党早期主要领导人之一，伟大的马克思主义者，卓越的无产阶级革命家、理论家和宣传家，中国革命文学事业的重要奠基者之一。

生平经历

家庭背景

瞿秋白祖籍江苏宜兴，1899 年 1 月 29 日生于江苏省常州府城内东南角的青果巷（今 82 号）一座名为八桂堂的花园住宅内的天香楼二楼。八桂堂是瞿秋白的叔祖瞿赓甫的住宅，这所住宅内花木繁多，因有八株桂花而得名八桂堂，天香楼也是因沉浸在花木的芬芳之中而得名。瞿家是一个书香门第，世代为官，瞿赓甫当时任湖北布政使。瞿秋白的父亲瞿世玮擅长绘画、剑术、医道，然而生性淡泊，不治家业，寄居叔父家中，经济上依赖在浙江做知县的大哥瞿世琥的接济。母亲金璇，也是官宦之女，精于诗词。她的子女中长大成人的有 5 子 1 女，瞿秋白是家中的长子。由于瞿秋白头发上生有双旋，父母为其取名双（或同音字霜、爽）。

辛亥革命后，瞿秋白的伯父瞿世琥弃官闲居杭州，将母亲也接到那里，并停止了对瞿世玮一家的资助。于是瞿秋白家陷入经济困境，被迫搬到城西庙沿汀瞿氏宗祠居住，靠典当、借债度日。1915 年冬，因交不起学费，瞿秋白被迫辍学。1916 年农历正月初五，母亲金璇服毒自尽。瞿秋白一家人分别投亲靠友，瞿秋白先在杨氏小学教书。1916 年年底，瞿秋白得到表舅母的资助，西赴汉口，寄居在京汉铁路局当翻译的堂兄瞿纯白家中，并进入武昌外国语学校学习英文。

"五四"运动

1917 年春，瞿秋白随同堂兄纯白北上到北京。原本秋白要报考北京大学，但付不起学膳费，参加普通文官考试未被录取，于是考入外交部办的"不要学费又要出身"的俄文专修馆，学习俄文。1919 年 5 月 4 日，性格内向的瞿秋白参与了"五四"运动，加入了李大钊、张嵩年发起的马克思主义研究会。6 月 3 日参加上街演讲活动，反动当局逮捕了包括瞿秋白在内的一百七十八人，关押于北大法科校舍临时改的拘留所。6 月 8 日迫于各界压力释放全部学生。8 月 23 日，瞿秋白和各地学生代表集聚新华门抗议"马良祸鲁"被警察厅逮捕，8 月 30 日迫于全国爱国运动的压力，释放了全部请愿代表。

大学助教

1920 年 8 月，瞿秋白被北京《晨报》和上海《时事新报》聘为特约通讯员到莫斯科采访。1921 年 6 月 22 日，共产国际第三次代表大会在莫斯科举行。7 月 6 日，是瞿秋白永远难忘的日子，他在安德莱厅见到了伟大的革命导师列宁，并在会间进行了简短的交谈。11 月 7 日，俄国十月革命节四周年，瞿秋白在莫斯科第三电力劳工工厂参加工人的纪念集会，又一次见到了列宁，并聆听了他的演讲。1921 年秋，东方大学开办中国班，瞿秋白作为当时莫斯科仅有的翻译，进入该校任翻译和助教，中国班单独编一班，该班学生有刘少奇、罗亦农、彭述之、任弼时、柯庆施、王一飞、萧劲光等，瞿秋白讲授俄文、唯物辩证法、政治经济学，并担任政治理论课翻译。1921 年 5 月由张太雷介绍加入共产党，当时属俄共党组织，1922 年春，正式加入中国共产党。1922 年底，陈独秀代表中国共产党到莫斯科，瞿秋白担任他的翻译。

上海大学教务长

1922 年 12 月 21 日，受陈独秀邀请，离开莫斯科启程回国工作。于是瞿秋白于 1923 年 1 月 13 日回到北京。1923 年 2 月，瞿秋白翻译部分《论列宁主义基础》。为了更好地传播列宁主义，瞿秋白翻译了斯大林著作《论列宁主义基础》中的《列宁主义概述》部分，同年 4 月 22 日在《新青年》第 1 号上发表。在此之前，瞿秋白还撰写了许多介绍列宁、共产国际纲领与策略、国际共产主义运动史等方面的文章。

1923 年夏，于右任、邓中夏创办上海大学，瞿秋白到上海大学担任教务长兼社会学系主任，在 1923 年 8 月撰写发表了《现代中国所当有的"上海大学"》，为上大的发展制定了宏伟的规划。他们设想把上大办成为"南方的新文化运动中心"，并着手开始制定学校章程、整顿师资队伍、贯彻理论与实践相结合的方针、提高教学质量以及建立共产党基层组织等各项工作。同时，瞿秋白兼管中共宣传工作，担任季刊《新青年》的主编，同时主编中央的另一机关刊物《前锋》，参加编辑《向导》。

国民党候补执行委员

1923 年底，瞿秋白参与国民党第一次全国代表大会宣言草案的起草。宣言确立了联俄、联共、扶助农工的新三民主义政策。1924 年 1 月 20 日，中国国民党第一次全国代表大会在广州开幕，瞿秋白在大会上当选为国民党候补中央执行委员，经常奔波于上海、广州之间，负责处理两党合作问题。1924 年 7 月，根据孙中山建议，国民党中央设立政治委员会，孙自任主席，瞿秋白当选为 5 人委员。这一时期，瞿秋白还以中央候补执行委员身份参加国民党上海执行部的指导工作。同时还负责上海国民党机关报《民国日报》的编辑工作。

中央政治局委员

1925 年 1 月起，瞿秋白先后在中共的第四、五、六次全国代表大会上，当选为中央委员、中央局委员和中央政治局委员，成为中共领袖之一。5 月 30 日，"五卅惨案"发生，瞿秋白同陈独秀、蔡和森、李立三、恽代英、刘少奇等领导了爱国反帝运动。6月4日，瞿秋白负责主编出版了中国共产党第一张日报《热血日报》，报道上海和全国人民反帝斗争的消息。1926春病重住院，抱病撰写《俄国资产阶级革命与农民问题》一书。

八七会议后主持中央工作

1927年2月7日，自编《瞿秋白论文集》。同月22日，上海工人发动第二次武装起义，瞿秋白赶到拉斐德路暴动指挥所参与领导起义。当晚，出席中央和区党委联席会议，连夜起草《上海二月二十二日暴动后之政策及工作计划意见书》，提交中央特别委员会。2月25日至3月2日，出席中央特别委员会会议，讨论上海工人第三次武装起义问题，提出了重要指导意见。3月从上海到汉口，负责第五次代表大会事宜。4月11日，为毛泽东《湖南农民运动考察报告》写序。4月27日—5月9日，中共五大召开，在第一天陈独秀做中央报告后，第二天瞿秋白便散发《中国革命中之争论问题》，尖锐地批评了陈独秀等以及共产国际为代表的右倾机会主义错误。瞿秋白当选为中央委员、政治局委员，并任政治局常委。

1927年7月12日，共产国际指令改组中共中央的领导，陈独秀被停职，由张国焘临时代理主持中央工作。7月13日，瞿秋白和鲍罗廷秘密前往庐山，一是商讨中共中央的领导改组问题，一是计划武装暴动。下旬瞿秋白回到武汉，参加了7月25日召开的中央常委扩大会议，讨论同意了南昌举事的提案。8月1日，南昌起义终于实现。8月7日，新来到的共产国际代表罗明那兹主持召开会议（八七会议），正式将陈独秀（缺席）免职，并指定瞿秋白担任临时中央政治局常委，并主持中央工作，成为继陈独秀之后，中国共产党第二任最高领导人。八七会议是中国共产党历史上的一个重要转折点，它在中共革命的危急关头，坚决地纠正和结束了陈独秀的右倾投降主义，确定了土地革命和武装反抗国民党反动派的总方针。在瞿秋白主持中央政治局的近一年期间（1927年7月—1928年5月），发动了南昌起义、广州起义及秋收起义。瞿秋白的领导方式与强势作风的陈独秀不同，只发表一般政治主张，对组织和军事完全放权。但11月在上海召开的临时政治局扩大会议发展了八七会议以来"左"的情绪，形成"左"倾盲动错误。12月广州起义的失败使瞿秋白等中央领导人有所觉悟，及时发现纠正了"左"倾盲动错误，并在1928年3、4月间的临时常委会上作了自我批评，在实践中基本结束了全国范围内的"左"倾盲动错误。

共产国际代表团团长

1928年5月中旬，瞿秋白抵达莫斯科。6月，瞿秋白在莫斯科郊外的兹维尼果罗德镇主持召开中共六大，"六大"之后，瞿秋白继续留在莫斯科，担任中共驻共产国际的代表团团长两年时间，实际在国内直接领导中共的是李立三和向忠发。但1927年夏，米夫、王明一伙捏造了"浙江同学会"事件。1929年夏，王明一伙利用联共反右清党运动，掀起中山大学风潮。他们先是举行"十天会议"形成"二十八个半布尔什维克"，在王明的带领下喧嚣、起哄、谩骂，使用一切卑鄙手段攻击中共代表团，将一切右倾和左倾的帽子扣到瞿秋白头上，导致瞿秋白的三弟景白的"失踪"。1930年春在联共中央和共产国际的支持下，瞿秋白被撤销了中国共产党驻莫斯科代表的职务，携妻子离开苏联回国，8月26日回到上海。在9月底召开六届三中全会，批判"立三冒险主义路线"。但由于瞿秋白"没有认出立三路线和国际路线的根本不同"，对"立三路线"的批判不够彻底，于是1931年1月7日在米夫操纵下在上海召开了中共六届四中全会，不仅解除了李立三的中央委员职务，瞿秋白也被解除中央领导职务。至此米夫达到了控制中共中央的目的，而野心勃勃的小人王明也一步登天，在6月向忠发叛变后成为代理总书记，去莫斯科担任中共驻共产国际代表后，由博古（秦邦宪）接任临时中央总负责人。

苏区教育部部长

中共六届四中全会后瞿秋白留在上海养病（肺结核），进行文艺创作和翻译，与茅盾、鲁迅来往结下深厚友谊，领导左翼运动。1934年1月7日，瞿秋白奉命离开上海，于1934年2月5日，瞿秋白到达中央革命根据地瑞金，任中华苏维埃共和国中央执委会委员、人民教育委员会委员、中华苏维埃共和国中央政府教育部部长等职。红军决定长征后，瞿秋白虽然几经要求随军长征，但还是被留在即将沦陷的瑞金。

从容就义

1935 年 2 月 24 日，瞿秋白在向香港转移途中，在福建省长汀县濯田镇水口村小径被地方反动武装保安十四团钟绍葵的部队俘获，关入上杭监狱。由于叛徒指认，身份被识破，于 5 月 9 日被押解到长汀。在被押期间（5 月 23 日），瞿秋白写下了《多余的话》，表达其文人从政曲折的心路历程。6 月 18 日晨，写完绝笔诗，神态自若缓步走出囚室，到中山公园凉亭前拍照，留下最后的风采。用毕酒菜，从容走向刑场，沿途唱俄文《国际歌》《红军歌》，呼"中国共产党万岁""共产主义万岁"等口号。到达罗汉岭，选一草坡坐下，对刽子手微笑点头说："此地甚好！"饮弹洒血，从容就义。年仅三十六岁。

一位临场记者这样报道瞿秋白就义时的情景：1935 年 6 月 18 日，福建长汀。瞿秋白来到中山公园，"至中山公园，全园为之寂静，鸟雀停息呻吟。信步至亭前，已见小菜四碟，美酒一瓮。彼独坐其上，自斟自饮，谈笑自若，神色无异"。酒半乃言曰："人生有小休息，有大休息，今后我要大休息了。我们共产党人的哲学就是鞠躬尽瘁，死而后已。"瞿秋白说罢此话，坦然正其衣履，到公园凉亭前拍了遗照——他背着两手，昂首直立，恬淡娴静之中流露出一股庄严肃穆的气概。

瞿秋白在刀兵环护下，慢步走向刑场。刑场在长汀西门外罗汉岭下蛇王宫养济院右侧的一片草坪，距中山公园二华里多。倘是怕死的人，不要说步行两华里，就是二十米也无法走，恐怕是要被人拖行的。

瞿秋白手挟香烟，顾盼自如，缓缓而行。继而高唱《国际歌》，打破沉寂之空间。到了罗汉岭下，他自己找了块空地面北盘足坐下，回头看了看行刑者说："此地甚好，开枪吧。"接着饮弹洒血，从容就义。

六个第一

他是中国报道十月革命后苏俄实况的第一人。
他是中国用文艺体裁描写列宁风采的第一人。

他是中国完整译配《国际歌》词曲的第一人。其中"因特纳雄纳尔（Internationale）"就是根据音译过来的，并一直沿用至今。他创作了歌颂中国工农革命的第一首歌曲。1923年，瞿秋白作《赤潮歌》，热情地歌颂了工农革命。

他创办了我党第一张日报《热血日报》。1925年6月4日，瞿秋白在上海创办了《热血日报》，他是主办人，也是主要撰稿人。

他是系统地给中国读者介绍马列主义文学艺术理论的第一人。

爱情生活

瞿秋白一生有两次爱情。第一个爱人王剑虹（1903年—1924年），重庆西阳人，土家族，是著名作家丁玲在上海大学的挚友，是一位聪慧的时代女性。1923年两人相识、相爱，不到半年即结婚。由于两人都有志于革命，并且都热爱文学，有着诗人的气质和才华，他们婚后的生活充满了诗歌的浪漫和辞赋的情趣。遗憾的是，结婚仅7个月，王剑虹就因患肺结核而去世。瞿秋白曾在给丁玲的信中表白说"自己的心也随剑虹而去"。

瞿独伊的母亲杨之华，1900年出生于浙江萧山，是家道中落的绅士门第小姐，当地出名的美人，曾就读于浙江女子师范学校。20岁时，她和浙江有名的开明士绅沈玄庐的儿子沈剑龙相爱成婚。沈剑龙喜欢诗词、音乐，但他和朋友一起到上海后，经不起十里洋场、灯红酒绿的生活引诱，堕落了。此时，杨之华已生下一女，便是"独伊"，意即只生你一个，可见杨之华心中的怨愤。1922年杨之华只身跑到上海，参加妇女运动，认识了向警予、王剑虹等人，并于1923年底被上海大学社会学系录取。

瞿秋白当时是社会学系的系主任，他风度翩翩、知识渊博，在师生中声望很高。杨之华第一次听瞿秋白的课，就对他产生了难以忘怀的印象。

杨之华学习努力，又是社会活动的积极分子，瞿秋白与她渐渐熟悉起来。瞿秋白还做了她的入党介绍人。然而，当杨之华感觉到两人互有好感时，内心充满矛盾。她选择回避，跑回了萧山母亲家。面对人生的重大抉择，瞿秋白也苦苦地思索：既然沈剑龙已经背叛了杨之华，为什么我不能去爱？既然我真心地爱她，为什么不敢表示！于是趁放暑假的机会，瞿秋白大胆来到了萧山杨家。

当时沈剑龙也在杨家。不承想，沈剑龙竟然和瞿秋白一见如故，对瞿秋白的人品与才华十分尊敬、仰慕。面对复杂的感情问题，他们三人开始了一场奇特的"谈判"：先在杨家谈了两天，然后沈剑龙把瞿秋白、杨之华接到他家去谈，各自推心置腹，互诉衷肠，又谈了两天。最后，瞿秋白又把沈剑龙和杨之华接到常州，再谈。当时瞿家早已破落，家徒四壁，连把椅子都没有，三个人就坐在一条破棉絮上谈心。谈判结果是在上海《民国日报》上同时刊登三条启事：一是沈剑龙与杨之华离婚启事，二是瞿秋白与杨之华结婚启事，三是瞿秋白与沈剑龙结为好友启事。

1924年11月7日，"十月革命"纪念日这一天，瞿、杨在上海举行了结婚仪式，沈剑龙亲临祝贺。从此，瞿秋白和沈剑龙也成了好友，经常书信来往，写诗唱和。更有意思的是，沈剑龙送给瞿秋白一张六寸照片——沈剑龙剃光了头，身穿袈裟，手捧一束鲜花，照片上写着"鲜花献佛"四个字，意即他不配杨之华，他把她献给瞿秋白。

有一次刻图章，瞿秋白对杨之华说："我一定要把'秋白之华'、'秋之白华'和'白华之秋'刻成3枚图章，以示你中有我，我中有你，无你无我，永不分离。"瞿独伊说："为了纪念他们的结合，父亲在一枚金别针上亲自刻上'赠我生命的伴侣'7个字，送给母亲。这一爱情信物，后来伴随母亲度过了几十年风风雨雨。"

曾有人问杨之华，为何瞿秋白牺牲后不再婚，她这样回答："再没有人比秋白对我更好了。"1955年，经过20年的努力寻找，杨之华终于在福建长汀找到了瞿秋白的骸骨，并运回北京，隆重地安葬在八宝山革命公墓。周恩来总理亲笔题写了"瞿秋白之墓"的碑铭。杨之华的心得到了安慰。她怀念、铭记着瞿秋白，直到自己生命终了。

文学造诣

瞿秋白的杂文锐利而有才气，俄语水平更是当时数一数二的。他翻译了许多俄语文学、政治著作，1923 年 6 月 15 日并第一个把《国际歌》翻译成中文。瞿秋白作为一个典型的文人参与到政治中去，遭到排挤冷落直至牺牲，这被人们视作一个悲剧。其曲折的心路历程在《多余的话》中有着真诚的表达。

根据他临终前的自述，他只是一个半吊子的文人，参与政治运动，乃至成为中国共产党的领袖完全是一个"历史的误会"。

瞿秋白与鲁迅有着很深的交往。瞿秋白曾到鲁迅家中避难，鲁迅把瞿看作知己，曾写过"人生得一知己足矣，斯世当以同怀视之"一联赠予。瞿秋白也写过《〈鲁迅杂感选集〉序言》，对鲁迅的杂文创作作了中肯的评价。瞿秋白被捕后鲁迅曾想方设法委托他人营救。瞿被处决后，鲁迅叹息良久，说过："瞿若不死，译这种书（指《死魂灵》）是极相宜的，即此一端，即是判杀人者为罪大恶极"，并带病编校了瞿的遗著《海上述林》。

另外瞿秋白与苏联汉学家曾合作制订中国拉丁化新文字（简称"北拉"）。在吴玉章的倡导下，"北拉"在延安甚至一度取得了和汉字相当的地位。许多目不识丁的农民通过这套拼音文字脱了盲，不但能读拼音报，还能写简单的信件。这更坚定了语言学家们对新文字的信心。不过，连年战乱，新文字的实验和推广始终没有在全国铺开。

瞿秋白，日常事务繁重，但他知识渊博，才华横溢，拼命工作，留下了大量的著作，其中许多要作品收入了《瞿秋白选集》《瞿秋白文集》。他既是一位伟大的革命家，也是一位杰出的思想家。无论是他英勇献身革命事业的光辉事迹，还是涉及政治、哲学、文学、史学、翻译等众多领域的重要思想，都对历史产生了深远的影响。

《多余的话》

瞿秋白一生所创作的作品中，从开始就被人们记得，而且到现在还被人们争论着的，无疑当数那篇《多余的话》了。"中国的豆腐也是很好吃的东西，世界第一。"这句话不是还在现在的"小资"们的口中流传吗？

它曾经被认为是国民党反动派伪造的，以便达到污蔑坚贞的共产党员瞿秋白同志的。首先是，国民党站出来说，瞿秋白的文笔是没有任何人可以模仿得了的。后来，周恩来说他见过《多余的话》的手迹，确是出自瞿秋白之手。终于，人们不得不承认，它确是瞿秋白的遗书。

它又曾经被当作瞿秋白变节的口供。所以，在"文革"中，他的第二任妻子杨之华也遭到连累。

现在，它又被人看作是瞿秋白顽强斗争的一生的历史记录，而且把瞿秋白奉为革命英雄。瞿秋白却亲自说过："我不怕人家责备、归罪，我倒怕人家'钦佩'。"

其实，《多余的话》——当然，它并不多余，没有它，我们就根本不能认识真实的瞿秋白——就是瞿秋白"变节的口供"，也不是他"顽强斗争的一生的历史记录"，这只是瞿秋白对他身上存在着的挥之不去而且是愈来愈分明的一种疏离感的自白。

因为"可与知者言，难与不知者道"的缘故，所以人们对这篇文章至今还争论不休。

【毛泽东评说】

毛泽东在读《新唐书》卷一百十三《徐有功传》时批注曰："'命系庖厨'，何足惜哉，此言不当。岳飞、文天祥、曾静、戴名世、瞿秋白、方志敏、杨虎城、邓演达、闻一多诸辈，以身殉志，不亦伟乎！"

——中共中央文献研究室编：《毛泽东读文史古籍批语集》，中央文献出版社1993年版，第237页。

1950年12月31日，毛泽东为《瞿秋白文集》题写的话说："瞿秋白同志死去十五年了。在他生前，许多人不了解他，但他为人民工作的勇气并没有挫下来。他在革命困难的年月里坚持了英雄的立场，宁愿向刽子手的屠刀走去，不愿屈服。他的这种为人民工作的精神，这种临难不屈的意志和他在文字中保存下来的思想，将永远活着，不会死去。瞿秋白同志是肯用脑子想问题的，他是有思想的。他的遗集的出版，将有益于青年们，有益于人民的事业，特别是在文化事业方面。"

——中共中央文献研究室编：《建国以来毛泽东文稿》，第一册，中央文献出版社 1987 年版，第 757 页。

【作者述评】

瞿秋白（1899.1—1935.6），原名瞿双，后改名瞿霜、瞿爽。江苏常州人。早年曾到武昌外国语学校学英文，后到北京谋生。1917 年考入北洋政府外交部办的俄文专修馆读书。1919 年参加五四爱国运动，同年 11 月参与创办《新社会》旬刊。1920 年初，参加李大钊组织的马克思学说研究会，同年 10 月以北京《晨报》和上海《时事新报》特派记者的身份，去莫斯科采访。1921 年兼任莫斯科东方劳动者共产主义大学中国班的教员。1922 年 2 月在莫斯科加入中国共产党（介绍人张太雷）。曾先后出席远东民族代表大会和共产国际第三、四次代表大会。1923 年春回到北京，主持起草了中共第三次全国代表大会纲领草案，参与制定国共合作的战略决策。同年 6 月出席中共第三次全国代表大会，并当选中央执行委员会委员，还担任中共中央机关刊物《新青年》《前锋》主编和《向导》编辑，7 月去上海创办上海大学，任教务长兼社会学系主任。1924 年 1 月参加中国国民党第一次全国代表大会，当选为中央执行委员会候补委员，后又担任国民党中央政治委员会委员。1925 年 1 月当选为中共四大中央执行委员、中央局成员。后又参加领导五卅运动。1927 年 5 月在中共五大上当选为中央委员、中央政治局委员，同年 7 月接替陈独秀负责中央工作。主编过中国共产党创办的第一张日报《热血日报》，曾将为陈独秀等人压制和拒绝发表的毛泽东写的《湖南农民运动考察报告》发表，并为之写了序言。

大革命失败后，在汉口主持召开临时中央紧急会议，后任中央临时中央政治局常委，主持中央工作，成为党的主要领导人之一。1928 年 4 月去苏联，6 月主持召开中共六大，并当选为中央委员，在中共六届一中全会上当选为中央政治局委员。会后，作为中共代表，参加了共产国际第六

瞿秋白

次代表大会，当选为共产国际执行委员会委员和主席团委员及政治书记处成员。后留在莫斯科，任中共中央驻共产国际代表团团长。在苏联期间开始研究中国共产党党纲、中国苏维埃宪法、土地法、劳动法、婚姻法等问题，写了大量论著，翻译了共产国际纲领以及斯大林论列宁主义的著作。1930年8月回到上海，9月和周恩来一起主持中共六届三中全会。1931年在中共六届四中全会上，被解除中央领导职务。

1931年夏参加了"左联"的领导工作，反击国民党文化的"围剿"，系统向中国读者介绍了马克思、恩格斯、列宁、斯大林及普列汉诺等人关于文学艺术的理论，翻译了苏联的许多著名文学作品。1934年2月到瑞金，任中华苏维埃共和国中央政府人民教育委员，还兼任苏维埃大学校长。同年10月中央红军主力长征后，留在南方，任中央分局宣传部部长。1935年2月23日在福建被捕，6月18日英勇就义，年仅36岁。

毛泽东在读《新唐书》卷一百十三《徐有功传》时批注曰："'命系庖厨'，何足惜哉，此言不当。岳飞、文天祥、曾静、戴名世、瞿秋白、方志敏、杨虎城、邓演达、闻一多诸辈，以身殉志，不亦伟乎！"这句话是毛泽东读《新唐书》的《徐有功传》的批语。徐有功是唐朝武则天执政时期的执法大臣。他秉公执法，不徇私情，屡遭权贵嫉恨和诬陷，曾三次被判死刑，却守法不阿。他在一次被弹劾罢官又被起用时，给武则天写了一封奏折，其中有"命系庖厨"的话，意思是说，生活在山林里的小鹿，很难逃脱被猎杀，成为人们厨房里案板上的肉的命运。徐有功以鹿自喻，说出了作为正直不阿的执法大臣的共同命运。在毛泽东看来，为公正执法而死，以身殉志，是很伟大的。毛泽东从徐有功谈死，联想到许多古今志士、仁人，其中他想到的第一个共产党人就是瞿秋白，可见瞿秋白在他心目中的地位。

1950年12月31日，毛泽东为《瞿秋白文集》题写的话说：瞿秋白同志"在革命困难的年月里坚持了英雄的立场，宁愿向刽子手的屠刀走去，不愿屈服。他的这种为人民工作的精神，这种临难不屈的意志和他在文字中保存下来的思想，将永远活着，不会死去"。对瞿秋白同志的评价很高。

1965年12月8日，毛泽东读了《红旗》杂志第十三期发表的戚本禹

《为革命而研究历史》一文，攻击翦伯赞提出的既要重视阶级观点，又要注意历史唯物主义的意见，受到毛泽东称赞。戚本禹在文中将太平天国后期将领李秀成的《忠王李秀成自述》对清朝投降、叛变太平天国革命的事迹与瞿秋白创作《多余的话》相类比，毛泽东肯定了他的观点，因而瞿秋白的夫人杨之华也受到不应有的批判，也否定了瞿秋白同志，这是错误的。后来，中央予以平反。

方志敏

【方志敏小传】

方志敏（1899年8月21日—1935年8月6日），江西省弋阳人，中国共产党的优秀党员，江西党组织的创始人之一，闽、浙、皖、赣革命根据地的创建者。他历任县委书记、特委书记、省委书记、军区司令员、红十军政委、闽浙赣省苏维埃政府主席，中华苏维埃共和国中央主席团委员，党中央委员。1934年，红七军团和红十军合编为红十军团，方志敏任红十军团军政委员会主席。1935年1月29日，他不幸被俘入狱，在狱中坚贞不屈，写下了《可爱的中国》《清贫》等名著。1935年8月6日，方志敏在南昌英勇就义，时年36岁。

2009年9月，方志敏被中央宣传部、中央组织部等11个部门评选为"100位为新中国成立作出突出贡献的英雄模范人物"。

人物生平

童年时代

方志敏（1899—1935），原名远镇，乳名正鹄，号慧生，清光绪二十五年（1899）出生于江西省上饶市弋阳县漆工镇湖塘村一个世代务农的家庭。他8岁入私塾，12岁便辍学辅助家庭务农，童年在家乡度过。17岁时在乡亲们的帮助下进入县立高等小学，在校内读书时收到了新文化运动的影响。

青年时期

1916 年秋，方志敏考入弋阳县立高等小学学习。在校组织进步团体"九区青年社"。

1919 年夏，与邵式平等发动组织弋阳县立高等小学学生开展反帝爱国斗争。秋，考入江西省立甲种工业学校预科班。

1920 年升入江西省立甲种工业学校应用机械科学习。该校学生自治会负责人。给《民国日报》副刊《觉悟》主编邵力子写信，在该刊发表了一篇题为《捉贼》的小说，受到邵力子的赏识。并在《民国日报》副刊《觉悟》发表第一首散文诗《哭声》。

1921 年春，因领导该校学生反对腐败教育，要求教育改革而被校方开除。不久，加入江西"改造社"，为《新江西》季刊的主要撰稿人。同年秋，考入教会学校九江南伟烈大学（同文书院）。

参加革命

1922 年春，方志敏参加"非基督教大同盟"。7 月从九江赴上海，住在邵力子家中，担任《民国日报》校对，并在上海大学旁听。在上海期间，方志敏加入中国社会主义青年团并写作白话小说《谋事》，在《觉悟》副刊发表。方志敏在上海逗留的时间虽短，但这是他人生中的重要转折期。

在上海，方志敏找到了党组织和中共领导机关，并结识了陈独秀、瞿秋白、恽代英、向警予等著名中共领导人。同年 8 月，根据组织决定，方志敏离开上海，返回南昌创办"文化书社"，创建江西地方团组织设立活动据点。出版《青年声》周报，进行马克思主义宣传。

1923 年年初，方志敏与赵醒侬等人创建中国社会主义青年团南昌地方组织、江西"民权运动大同盟"和"马克思学说研究会"。白话小说《谋事》与鲁迅、郁达夫、叶圣陶等著名作家作品一起入选上海小说研究所编印的小说《年鉴》。

1924 年 3 月，方志敏加入中国共产党，参与创建江西的党、团组织。

1925 年"五卅"运动时期，方志敏参加"沪案交涉江西后援会"的工作，深入偏远地区，开展宣传鼓动工作。7 月，当选为国民党江西省党部执行委员兼农民部部长,并回弋阳创建中共漆工镇小组,组织"弋阳青年社",出版《寸铁》旬刊。

1926年5月,方志敏出席广东省第二次农民代表大会。12月,任江西省农民协会筹备处秘书长。

1927年2月,方志敏当选为江西省农民协会执行委员兼秘书长,领导全省农民运动进入全盛阶段,领导农民运动,建立了农民自卫军,农协会员发展至80余万。3月"赣州惨案"后,赴武汉向国民党中央和国民政府请愿,并出席中共中央农委扩大会议,当选为"中华全国农民协会临时委员会"执行委员,旋与刘一峰等8人以国民党中央特派员身份回赣代行省党部职权,并在南昌创办了江西农民运动训练班,组织了农民自卫武装。6月5日,被国民党江西省政府主席朱培德"礼送"出境,旋化名李祥松,赴赣西巡视党的工作和农民运动。

武装斗争

1927年8月,"南昌起义"后,返回弋阳筹备发动武装暴动,先后任中共弋阳区委书记、中共横峰区委书记。11月至1928年2月,与黄道等人组织领导了弋横暴动,时任中共弋阳、横峰、贵溪、铅山、上饶五县工作委员会书记兼暴动总指挥,暴动失利后率部转入磨盘山区坚持斗争。

1928年4月,方志敏任中共弋阳县委书记,并创建工农革命军第二军第二师第十四团一营一连,领导建立了弋阳、横峰县苏维埃政府,任弋阳县苏维埃政府主席。6月,主持召开弋、横两县县委联席会议,批判了埋枪逃跑的错误主张,确定了反"围剿"斗争的基本战略。会后,赴贵溪、波阳、万年、德兴、湖口等县,发展党组织,建立革命武装,组织农民暴动。方志敏率领起义农军开展游击战争,运用"声东击西、避实击虚","吃得下就吃、吃不下就跑"等战术,一年内连续打退国民党军四次"进剿"。

1929年,方志敏任中共信江特委书记兼中共贵溪县委书记、信江特区苏维埃政府主席,领导建立江西红军独立第一团。

1930年1月,他曾编写革命新剧《年关斗争》,并在贵溪亲自登台演出。

1930 年任信江苏维埃政府革命军事委员会主席，率独立团在赣东北、闽北一带开辟根据地。先后领导了贵溪、万年等县的农民暴动，多次粉碎了国民党军的局部性"围剿"。7 月，领导成立中国工农红军第十军。8 月，当选为赣东北特区革命委员会主席。9 月，当选为赣东北行委执行委员，随红十军转战赣东北。

1931 年 3 月，方志敏当选为赣东北特区苏维埃政府主席兼文化委员会主席。3 月下旬，任红十军政委后当选为赣东北特委常委，率部转战贵溪、余江及闽北地区，在闽北连打 11 仗，连战皆捷。9 月，被选为中共赣东北省委常委。11 月，在第一次全国工农兵代表大会上当选为中华苏维埃共和国临时中央政府执行委员、主席团委员。同年当选为赣东北省苏维埃政府主席兼财政部部长。

1932 年 9 月，再任红十军政委，率部二进闽北，先后攻占赤石、星村两镇和浦城等地。12 月，任闽浙赣省苏维埃政府主席。

1933 年 1 月，红十军改编为红十一军，方志敏兼任政委，之后组建新红十军。3 月，被中华苏维埃共和国临时中央政府第一次全国代表大会授予的红旗荣誉勋章。12 月，方志敏任中共闽浙赣省委书记、闽浙赣军区司令员。其间坚决抵制"左"倾冒险主义指导方针，先后领导赣东北和闽浙赣苏区军民进行反"围剿"斗争，并配合中央革命根据地反"围剿"作战。

1934 年 1 月，在中共临时中央局召开的六届五中全会上增补为中央委员，并在第二次全国工农兵代表大会上方志敏再度当选为中央执行委员、主席团委员。1934 年 10 月，作为北上抗日先遣队的寻淮洲红七军团到达赣东北根据地，与方志敏的红十军会合。11 月上旬，中革军委发来命令，红七军团与红十军合编为红十军团，方志敏任军政委员会主席，刘畴西任军团长。12 月，红十军团第 19 师在师长寻淮洲、政委聂洪钧等人率领下，从白沙挺进旌德县城。攻占县政府，打开监狱释放"政治犯"及无辜群众 68 名。挺进庙首，召开群众大会，宣传抗日救国，处决师达能（John Stam）等若干人犯。

被俘牺牲

1934 年，由方志敏、粟裕等人率领的红十军团，在谭家桥镇乌泥关、白亭、石门岗一带遭到国民党王耀武部追剿，此役我军损失惨重，一万多人仅有粟裕率领 400 多人突出重围。

1935 年 1 月 29 日，方志敏在江西省玉山县怀玉山区被俘，囚于南昌国民党驻赣绥靖公署军法处看守所，他严词拒绝了国民党的劝降，实践了自己"努力到死，奋斗到死"的誓言。

1935 年 8 月 6 日，方志敏同志被秘密杀害于江西省南昌市下沙窝，时年 36 岁。

成就贡献

方志敏是江西农民运动的组织者和领导者，江西地方党团创始人之一，创建了中国共产党历史上最早一批苏维埃政权。

方志敏参与领导弋横暴动，创造了拥有"铁的纪律"的红十军；创造了"出其不意、攻其不备、声东击西、避实就虚"的十六字战略要诀。

方志敏在苏区首创了股份制，发行了股票；首创了地雷战，把人民战争提高到新水平；首创了对外开放的边贸政策，形成了数条开放型贸易路线；首创了列宁公园，创办了一批学校和文教卫生单位。

人物轶事

回绝母亲

赣东北信江 8 县苏维埃成立后，方志敏担任苏维埃主席，有人劝方母去讨些钱，老人也觉得他的饷银当姆妈的理当该用。

于是，她第一次也是唯一的一次找方志敏要饷银来了。方志敏很清楚他的学费，从小学到大学，连本带利，父母就欠债达 700 元之巨！方志敏参加革命后，家又被敌人烧劫十余次。母亲是迫于无奈，才来向他要钱。

可是，方志敏内疚而诚恳地对母亲说："姆妈，我是当主席，可当的是穷人的主席，哪里是官？饷银嘛，将来会发，现在没有。信江苏维埃刚建立，革命才有个起头，我们每日的饭钵才七分呢！"

方母听了，说："晓得了，晓得了。姆妈这一趟没有白来，明白了仔是当穷人的主席，我苦点也舒心啦！"

清贫作风

方志敏狱中遗著《清贫》中写道："我从事革命斗争，已经十余年了。在这长期的奋斗中，我一向是过着朴素的生活，从没有奢侈过。""清贫，洁白朴素的生活，正是我们革命者能够战胜许多困难的地方！"这是方志敏清贫奋斗一生的真实写照，也是他的座右铭。

寒冬腊月，方志敏穿着一件薄薄的破棉袄，从弋阳去参加贵溪苏维埃代表大会，这令身穿新棉袄的代表们于心不忍，要给他换件新的。但他不同意，夜里去补那件破棉袄。代表将新棉袄送来，他反复给来人讲"要节省，要减轻群众负担"的道理，执意不收。一旁的警卫员实在看不过去了，眼泪流出来："方主席，你是只顾革命不顾自己啊！"

有一次，方志敏发现自己吃的是白米粥而大家吃的是米糠和野菜煮的粥，就叫警卫员告诉伙房："大家吃什么，我吃什么，不能特殊。"老管理员听了警卫员的转达，叫了起来："什么特殊？要讲特殊也行！方主席操心又劳累，肺痨、痔疮病痛发作，哪个要为这事'民主'提意见，我来担当！"方志敏感激这位老同志，但仍然把粥端回了，和大家一起吃糠咽菜。

传送文稿

被捕后，在生命的最后日子里，方志敏每天工作 16 个小时，留下了 13 万字左右的文稿，包括《清贫》《可爱的中国》（《可爱的中国》是方志敏的著名散文，也是他的遗著）等文章。这些文稿是进步人士谢澹如受地下党负责人冯雪峰的托付精心保管，直到新中国成立后完好无缺地交还给党。

方志敏

家国情怀

缪敏是南昌女子职业学校好学上进、能歌善舞的高才生，1927年，与比她年长10岁的方志敏结为夫妻。两人情深意笃，因为分头为革命奔波，一家人团聚之日颇少。方志敏就义之后，同志们竟找不出一帧他与妻子或儿女的合影。方志敏在牺牲之前写下"清贫，洁白朴素的生活，正是革命者能够战胜许多困难的地方"。

1935年1月，方志敏率军在严寒之中转战疆场，终因兵力悬殊而不幸被捕。6月，方志敏妻子缪敏被抓，判其无期徒刑，关押在南昌女子监狱。在另一座监牢中，当国民党当局以夫妻父子感情对受尽折磨的方志敏诱降时，方志敏严词回绝："我失去了自由，妻子和儿女哪还能顾得到？我只有抛下他们。"国民党当局于8月6日在南昌杀害了36岁的方志敏。

后世纪念

1960年，在江西省南昌市郊梅岭修建方志敏烈士墓，毛泽东亲笔题词。

1977年8月6日，隆重举行"方志敏烈士遗骨安葬仪式"。

1985年，著作结集编为《方志敏文集》出版发行。

方志敏爱国事迹陈列馆位于南昌市沿江北大道的方志敏爱国事迹陈列馆面积500平方米左右，陈列馆分"立志报国""求索系国""革命救国""以身殉国""永恒纪念"等内容布展，其中复制件"1935年6月11日方志敏被捕后在狱中写给党中央的信"为全国首次对外展出。上层开设放映厅，用多媒体播映方志敏烈士的名篇、名诗、名句、名言以及方志敏烈士遗骨发现、挖掘、保护、保存过程。为了纪念方志敏诞辰110周年，南昌市东湖区人民政府在新建方志敏广场建后历时一年，建立方志敏爱国事迹陈列馆。

方志敏烈士陵园，位于南昌市昌北梅岭山脚，陵园内林木葱郁，碧水回环，占地136亩，是为纪念江西党、团组织的创始人之一和农民运动的主要领导人方志敏于 1962 年开始兴建的，建成于 1965 年。1986 年，被国务院批准为全国重点烈士纪念建筑物保护单位。2001 年，被中宣部批准为全国爱国主义教育示范基地，2005 年，被国家发改委、中宣部和民政部等六部委确定为全国重点红色旅游景点。

【毛泽东评说】

1930 年 1 月 5 日，毛泽东在《星星之火，可以燎原》中说："六，也就会明白单纯的流动游击政策，不能完成促进全国革命高潮的任务，而朱德毛泽东式、方志敏式之有根据地的，有计划地建设政权的，深入土地革命的，扩大人民武装的路线是经由乡赤卫队、县赤卫总队、地方红军直至正规红军这样一套办法的，政权发展是波浪式地向前扩大的，等等的政策，无异议地是正确的。"

——《毛泽东选集》，第一卷，人民出版社 1991 年版，第 38 页。

毛泽东在读《新唐书》卷一百十三《徐有功传》时批注曰："'命系庖厨'，何足惜哉，此言不当。岳飞、文天祥、曾静、戴名世、瞿秋白、方志敏、杨虎城、邓演达、闻一多诸辈，以身殉志，不亦伟乎！"

——中共中央文献研究室编：《毛泽东读文史古籍批语集》，中央文献出版社 1993 年版，第 237 页。

【作者述评】

毛泽东同志称赞他是"以身殉志，不亦伟乎"的人民英雄。这句话是毛泽东读《新唐书》的《徐有功传》的批语。徐有功是唐朝武则天执政时期的执法大臣。他秉公执法，不徇私情，屡遭权贵嫉恨和诬陷，曾三次被判死刑，却守法不阿。他在一次被弹劾罢官又被起用时，给武则天写了一封奏折，其中有"命系庖厨"的话，意思是说，生活在山林里的小鹿，很难逃脱被猎杀，成为人们厨房里案板上的肉的命运。徐有功以鹿自喻，说出了作为正直不阿的执法大臣的共同命运。在毛泽东看来，为公正执法而死，以身殉志，是很伟大的。毛泽东从徐有功谈死，联想到许多古今志士、仁人，其中他想到的第二个共产党人就是方志敏，可见方志敏在他心目中的地位。

1953 年 4 月，毛泽东在登莫干山时，曾对身边的同志说："方志敏同志是有勇气、有志气而且是很有才华的共产党员，他死得伟大，我很怀念他。"

叶剑英同志把他誉为古代民族英雄文天祥之后的又一位民族英雄。

杨虎城

【杨虎城小传】

　　杨虎城（1893 年 11 月 26 日—1949 年 9 月 6 日），民国陕军将领。刀客出身。24 岁自赋诗："西北山高水又长，男儿岂能老故乡，黄河后浪推前浪，跳上浪头干一场。"自护国起义以来，百战不屈，历经二虎守长安，雪夜奇袭唐生智，在潼关截断西北军后路等一系列重大战役，终至 17 路军总指挥、陆军二级上将，陕西省主席，势力遍布于陕甘两省绝大部分地区。后因与中央的矛盾，暗中联络红军，联合张学良发动"西安事变"，抓捕蒋介石而被囚十二年。1949 年 9 月 6 日，因武装兵变主谋而于重庆中美合作所之戴公祠被杀，终年五十六岁。

早年经历

　　杨虎城，幼名长久，被称为"久娃"，参加革命活动后，自己起名为忠祥，字虎城，1893 年 11 月 26 日，出生于陕西蒲城县孙镇甘北村一户农民家里。父亲杨怀福，母亲孙一莲，以务农为主，家境贫寒。他仅读过两年私塾，便为人雇佣做工。

　　1908 年，父杨怀福被清政府绞杀于西安，使杨更加仇视清廷，他便联络贫苦农民，抗御暴政。1911 年，他投身于辛亥革命运动，1917 年，参加陕西民主革命早期仅有的一支武装力量——靖国军，后又参加国民军。1924 年参加国民党，拥护孙中山联俄、联共、扶助农工三大政策。先后担任师长、军长、十七路军总指挥、陕西省政府主席、西安绥靖公署主任、国民党中央监察委员等职。

综观其一生，由蒲城起事、反清抗暴、讨袁护法、转战关中、坚守西安、出师北伐、回陕主政、被迫内战，直到呼吁抗战、张杨合作、实行"兵谏"、逼蒋抗日。在半封建半殖民地的旧中国，他同其他许多人一样，经历了曲折、复杂的道路；但他也有不少超过前辈和同时代许多人的地方。

他特别伟大之处，是1936年12月12日，同张学良将军联合，拥护中国共产党的抗日民族统一战线政策，坚持抗日，反对内战，发动了震惊中外的"西安事变"。"西安事变"后，他被迫辞职出国。回国后，被囚禁达十二年之久。1949年9月6日，被蒋介石下令杀害于重庆中美合作所之戴公祠，终年五十六岁。

中国共产党中央委员会在1949年12月16日致杨虎城家属的唁电中指出："杨虎城将军在1936年与中国共产党合作，推动全国一致抗日，有功于国家民族。""杨将军的英名，将为全国人民所永远纪念"。

生平事迹

1908年杨虎城在家乡组织以打富济贫为宗旨的中秋会。

1911年武昌起义爆发后，杨虎城率会众参加陕西民军与清军作战。

1912年杨虎城投身于孙中山先生领导的辛亥革命运动。

1915年杨虎城率众参加陕西护国军，在华县、华阴等地截击袁军。次年所部被编为陕西陆军第3混成团第1营，任营长。

1916年杨虎城参加陕西护国军起义。

1917年杨虎城参加护法战争，先后任陕西靖国军左翼军支队司令、第3路司令、陕西靖国军第五路司令。

1922年杨虎城拒绝直系军阀收编，被迫率部由武功退入陕北。

1924年杨虎城与胡景翼将军、孙岳共组国民军，任国民军第三军第三师师长。

1925年杨虎城任国民军陕北总指挥。

1927 年杨虎城参加国民革命军。

1929 年杨虎城任国民党第十七路军总指挥。

1932 年杨虎城任西安绥靖公署主任。

1935 年杨虎城当选为国民党第五届中央监察委员。

1936 年 12 月 12 日，杨虎城同东北军将领张学良一起发动西安事变。

坚守西安

1924 年，杨虎城加入国民党，拥护孙中山的联俄、联共、扶助农工的三大政策。1924 年北京政变后，杨虎城任陕北国民军前敌总指挥，先后率部击败镇嵩军和陕西督办吴新田部。杨虎城遂任国民军第 3 军第 3 师师长，聘共产党员在其举办的三民军官学校和所属部队任职。杨虎臣主持陕西军务的 1926 年，正值第一次国内革命战争期间，直系吴佩孚部刘镇华强行攻打西安，当时把守西安城的总司令是国民军第二军的李虎臣，副总司令是国民军第三军的杨虎城，他们两人被人称作"二虎守长安"。从是年 4 月至同年 11 月，长达 8 个月的西安守卫战牵制刘镇华 10 余万兵力，为冯玉祥东征和革命军的北伐作了很好的策应。1927 年初杨虎城就任国民军联军第 10 路军司令，旋改任国民革命军第二集团军第 10 军军长，率部东出潼关会攻河南。后任国民革命军第二集团军暂编第 21 师师长。

"四一二"反革命政变后

蒋介石发动"四·一二"反革命政变后，拒绝在所部"清党"。1928 年 11 月杨虎城就任第二集团军暂编第 21 师师长。次年蒋介石与冯玉祥关系濒于破裂，杨虎城率部附蒋，任新编第 14 师师长，驻防河南。先后参加蒋冯战争和蒋唐（生智）之战。1930 年蒋冯阎战争中，杨虎城相继任蒋军第 7 军军长、第 17 路军总指挥，率部攻击冯军。同年 10 月杨虎城兼任陕西省政府主席。

"九一八"事变后

1931 年"九一八"事变后，反对蒋介石的"攘外必先安内"政策，积极主张抗日。次年 1 月任西安绥靖公署主任。

1933 年曾请缨抗日，遭冷遇。同年 6 月，杨虎城所部与川北的中国工农红军第四方面军达成互不侵犯默契。1935 年杨虎城任陕西绥靖公署主任，奉令调兵在陕南阻截红 25 军，遭到痛击。同年 4 月杨虎城被授为陆军二级上将。

此时担任陕西省政府主席的杨虎城多次向蒋介石进言，要求停止"剿共"，团结御敌。蒋介石不但不听，反而疑忌倍生。1936 年 12 月与张学良共同发动"西安事变"。

1937 年 1 月杨虎城被南京国民党政府撤职留任。6 月杨虎城被迫出国"考察"，游历美、英、法、德等国，宣传抗日主张。"七七事变"，卢沟桥抗战爆发后，杨虎城多次向蒋介石发电，要求回国抗日，遭拒绝。1937 年 11 月底由法国回到香港，准备参加抗日工作。随后被诱至南昌囚禁。在此以后的 12 年中杨虎城一直被监禁，先后关押于湘、黔、川等地。1947 年妻子谢葆真死于重庆狱中。1949 年 9 月国民党兵败溃逃时，杨虎城被蒋介石下令杀害于重庆戴公祠，同时被害的还有杨虎城的二儿子杨拯中，不满十岁的小女儿杨拯国，杨虎城的副官阎继明、警卫员张醒民，杨虎城的秘书宋绮云夫妇及孩子宋振中。

西安事变

西安事变，发生于 1936 年 12 月 12 日，所以又称"双十二事变"。张学良和杨虎城为了达到劝谏蒋介石改变"攘外必先安内"的既定国策，停止内战，一致抗日的目的，在西安发动"兵谏"。同月 25 日，在中共中央和周恩来主导下，以蒋介石接受"停止内战，联共抗日"的主张而和平解决。

1936 年 4 月 9 日，张学良驾机飞抵延安会见周恩来。

1936 年 9 月，中国共产党与东北军正式签订了《抗日救国协定》。

1936 年 12 月 4 日，蒋介石抵达西安，12 月 9 日，蒋介石写信给陕西省政府主席邵力子，密嘱《大公报》发表剥夺张学良、杨虎城"剿共"兵权由蒋鼎文取代的消息。

1936 年 10 月 22 日，蒋介石由南京飞抵西安，严令进剿红军。张学良当面表示反对，并提出停止内战，一致抗日的要求，遭蒋拒绝，两人大吵。

1936 年 10 月 29 日，张学良飞抵洛阳为蒋介石祝寿，劝蒋联共抗日，遭蒋拒绝。蒋介石坚决拒绝其北上抗日的主张，强令其剿共，否则就把他的部队撤离到东边去。

1936 年 11 月 27 日，张学良上书蒋介石，请缨抗战，遭蒋拒绝。

1936 年 12 月 2 日，张学良飞抵洛阳见蒋，要求释放抗日救国会"七君子"。向蒋介石面报，谓其部下不稳，势难支撑，再三请求蒋委员长前往训话，蒋同意赴西安，驻华清池。

1936 年 12 月 7 日，张学良到华清池见蒋介石，再三苦谏，要求停止内战，一致抗日，遭蒋拒绝。

1936 年 12 月 10 日，张学良带着白凤翔见到了蒋介石，蒋介石正在召开会议，正式通过发动第六次"围剿"计划，决定在 1936 年 12 月 12 日宣布动员令。

1936 年 12 月 11 日晚，蒋介石邀请张学良、杨虎城和蒋鼎文、陈诚、朱绍良等参加晚宴，晚宴期间，蒋介石宣读了蒋鼎文为西北剿匪军前敌总司令，卫立煌为晋陕绥宁四省边区总指挥等换将的任命书。命令中央军接替东北军和西北军的剿共任务。

1936 年 12 月 11 日晚间，张学良和杨虎城分别召见东北军和十七路军高级将领，宣布 12 月 12 日清晨进行兵谏。

1936 年 12 月 12 日 5 时，东北军奉命到华清池捉拿蒋介石，蒋介石从卧室窗户跳出，摔伤后背，躲在一块大石头后面，被发现活捉。同时，十七路军扣留了陈诚、邵力子、蒋鼎文、陈调元、卫立煌、朱绍良等国民党军政要员，邵元冲等人遇难，西安事变正式爆发。

1936 年 12 月 12 日，张学良和杨虎城向全国发出了关于"改组南京政府，容纳各党各派，共同负责救国；停止一切内战；立即释放上海被捕的爱国领袖；释放全国一切政治犯；开放民众爱国运动；保障人民集会结社一切政治自由；确实遵行孙总理遗嘱；立即召开救国会议"救国八项主张的通电。

1936 年 12 月 12 日，共产国际收到西安事变的消息，中共驻共产国际代表团的成员及共产国际执委会的人员认为应该杀死蒋介石，毛泽东也主张公审蒋介石。

南京中央于 1936 年 12 月 12 日 23 时 30 分，召开中常会及中央政治会议联席会议。会议最后决定剿抚并用，一方面任命何应钦为讨逆军总司令，另一方面任命于右任为陕甘宣抚大使。

1936 年 12 月 12 日晚，宋美龄在上海收到西安发生事变的消息，就邀请澳籍友人端纳到寓所，与孔祥熙共商，端纳对于西安一行，认为义不容辞，即随同宋美龄乘夜车前往南京。

1936 年 12 月 13 日 8 时，宋美龄致电张学良，告知端纳拟飞西安，端纳也同时电告张学良。

1936 年 12 月 13 日中共召开政治局扩大会议时，毛泽东在报告中指出："在我们的观点，把蒋除掉，无论在哪一方面都有好处"。但 12 月 13 日起，苏联《真理报》《消息报》等报刊和共产国际刊物《国际新闻通讯》连续发出报道、评论和文章，对西安事变的性质作了错误的分析，并对这一事变的发动者张学良和杨虎城进行指责。

1936 年 12 月 13 日，中研院等七学术机关通电全国讨张；南京各大学校长、教授罗家伦等 347 人联名致电张学良、杨虎城，指责扣蒋行为。

1936 年 12 月 14 日，在得知《真理报》公开批评西安事变的态度后，共产国际执委会举行了关于中国工作的会议，会议听取了邓发关于中共与张学良、杨虎城合作情况的报告，并将此报告送斯大林。季米特洛夫为此特地给斯大林写了一封信。

1936 年 12 月 14 日，蒋梦麟、梅贻琦、李蒸、翁之龙、刘湛恩、黎照寰等 22 人分别致电指责张学良。马相伯致电张学良表达对事变的担忧。

1936 年 12 月 15 日，《申报》《大公报》《益世报》等 100 多家报馆通讯社联署发表《全国新闻界对时局共同宣言》；同时全国各界救国联合会发表紧急宣言。

1936 年 12 月 16 日，国民政府劝诫张学良投降无效后，中国各界函电交驰，要求讨伐，遂由政治委员会决议派何应钦为讨逆军总司令，刘峙为讨逆军东路集团军总司令，顾祝同为西路集团军总司令，分别集结兵力，由东西双方同时向西安进行压迫。空军随即展开轰炸西安近邻城市，并逐渐转向西安。张学良允许拘押的蒋鼎文先返回洛阳，请国军方面暂停军事行动，避免冲突升级。

1936年12月16日，清华大学教授会发表朱自清、闻一多等共同起草的宣言；同日南京时事月报社、中苏文化月刊社、妇女共鸣社等217家杂志社以及中国妇女爱国同盟会、南京市妇女会、南京市妇女文化促进会、妇女共鸣社、首都女子学术研究会、妇女文化月刊社等妇女团体联合通电讨伐张学良。

1936年12月17日，北京大学全体教授发表对事变宣言谴责张学良。

1936年12月21日，意大利外长齐亚诺致电张学良："汝系吾友，兹若与共产党联盟，即成吾敌，中国苟无蒋介石将军，即不见重于人。"

1936年12月22日，随着端纳全力周旋，宋美龄、宋子文等到西安。在飞机上，宋美龄把手枪递给端纳，说："如果叛军对我有任何不礼貌行动，你可用此枪立即将我枪杀。"张学良、杨虎城去机场迎接，下机后，宋美龄与张学良说："汉卿，这是我的东西，就不要再检查了吧？"张学良马上说："夫人，岂敢！岂敢！"张学良、杨虎成与宋子文、宋美龄举行了会谈。后由张学良陪同宋美龄和端纳往见蒋介石。

1936年12月23日，双方在张学良公馆西楼二层开始正式谈判，由宋子文代表国民政府，由张学良、杨虎城、周恩来代表西安方面出席谈判会。西安方面再次提出六条主张：1、停战，撤兵至潼关外；2、改组南京政府，排逐亲日派，加入抗日分子；3、释放政治犯，保障民主权利；4、停止剿共，联合红军抗日；5、召开各党派各界各军救国会议；6、与同情抗日国家合作。

但1936年12月23日晚，张学良得知中共不希望公开"三位一体"的表示后，情势急转直下，原本"要蒋接受并保证实施（六项条件）"改成只要宋美龄和宋子文担保即可；把"先撤兵、先放人（七君子）"改成了只要蒋介石下令撤兵即可；而要蒋介石承认西北三位一体的军政组织一条则根本取消。

1936 年 12 月 24 日深夜，中共中央致电周恩来，陈述了关于放蒋条件的指示。指示中提出，必须坚持以下三个条件才能放蒋：1、全部中央军首先撤出潼关；2、南京及蒋通过公开的政治文件宣布国内和平，与民更始，不咎既往，并召集救国会议；3、开始部分地释放政治犯。接到中共中央电报后，杨虎城转而积极赞同中共的主张，但张学良却不以为然。

1936 年 12 月 25 日下午周恩来又企图劝说张学良接受中共中央的放蒋条件，但张学良已经亲自陪同蒋介石乘飞机离开西安前往洛阳。离开西安前，张学良留下手令，把东北军交给杨虎城指挥。

1936 年 12 月 26 日，蒋介石抵达南京，西安事变和平解决。

1993 年春，张学良对记者说："西安事变绝对是我一手策划的，……整个事件是由我负责的，杨虎城只是同意。"

重视文教水利事业

杨虎城是国民党地方将领，出身行伍，文化程度不高，但他在主政陕西时期很重视发展文化教育和水利等事业，为社会培养了大批人才，为社会发展作出了巨大贡献。

当时，长期的军阀混战使陕西教育濒于凋敝，教育经费几乎被挪用一空，已无力支付教师工资的省财政厅也只能以"打白条"的方式，向各地县府转嫁困难。杨虎城决定缩减军费开支，将商税、棉花捐、卷烟等税全数拨归教育厅，建立"教育基金"，并组建了一个教育基金保管委员会以监管经费使用。

为了培养高级农业人才，杨虎城与国民党监察院院长于右任、考试院院长戴季陶等十五人发起设立西北农林专科学校（西北农学院、西北农林科技大学的前身），结束了西北没有正式高等学府的历史。杨亲赴咸阳、兴平、武功等地踏勘校址，划定校园范围。在土地私有制情况下，运用政府力量，促使校园征地顺利完成，并经常与筹建主任王子元商定筹建事宜，为学校建设起到决定性作用。还为校刊《西北农林》创刊号题词："立国之基"。

当时，受杨虎城资助出国的留学生不在少数，许多人成为革命和建设的骨干力量。他在给留日学生的信中曾说："我完全相信，我拿'地皮剩余'供给你青年上学，绝没什么错误。你们拿到'地皮剩余'，要加倍努力学习。"

杨虎城还自己出钱，在家乡孙镇、蒲城县创办了很多学校，其中尧山小学、尧山中学最为驰名。尧山中学当时占地180亩，包括教室十二间，师生宿舍八幢，办公室、食堂、走廊一百多间，是当时西北地区最先进的学校，至今仍是陕西省重点中学。考虑到学校的经费来源，杨虎城还筹办了咸阳炼油厂补充学校的经费，另外还在蒲城的洛河边购置了三千多亩水田作为学校的资产。开业之日，杨虎城与国民党元老张继、邵力子等出席典礼，并亲题"教育救国"的校训。1935年，杨虎城将军夫人谢葆真，与宋美龄、邵力子夫妇等社会知名人士捐资，扩建陕西培华女子染织科职业学校，并报请教育部备案。

杨虎城还聘任著名教育家、水利专家李仪祉担任陕西省政府委员兼建设厅厅长、省水利厅厅长及黄河水利委员会委员长、省教育厅厅长、西北大学校长等职，倡办水利工程专校、中国第一个水工试验所及设置黄河水电站，提出治黄构思及理论。1934年至1937年基本修成了洛惠渠主体工程，1935年到1936年底又完成了渭惠渠一期工程。梅惠渠也于1936年开工，到1938年完成。

辛亥革命后近二十年，由于军阀混战，政局动荡，陕西的医药卫生事业几乎一片空白。杨虎城在参加北伐后，就改组了部队军医机构。入陕主政后，他除了进一步充实了十七路军军医处之外，还克服经费困难，设立了现在的省人民医院。1931年3月24日，该医院正式开诊，第一年全部免费诊断。并聘用省内知名专家姚尔明、吴济棠等，斥巨资从国外买回X光机等设备，建立了检验室，开展胸部透视、拍片和四大常规检查，使得省立医院成了西北首屈一指的医疗机构。同时，他还兴办药厂和助产学校，1932年陕西霍乱时期从军费中拨出专款购买设备自主研制疫苗。

杨虎城

以身殉志

残酷监禁

"西安事变"后，蒋介石回到南京，立即违背诺言，将张学良公开扣押，逼杨虎城辞职赴欧美考察。"七·七"事变发生后，杨虎城响应中共和全国人民"共赴国难"的号召，不顾个人安危，毅然携眷回国。

可是蒋介石却念念不忘在西安被扣的仇恨，仍把个人恩怨放在第一位。当获悉杨启程返国的消息后，他立即电召军统首脑戴笠去南昌，指示法办。戴笠一回到武汉，就命令军统特务队长李家杰，在特务队中挑选了便衣警卫三十余名，带往南昌布置。同时蒋介石还加派了宪兵一个连，共同负责担任押解和看守杨虎城的工作，以免发生意外。

杨虎城返抵香港时，"八·一三"上海战役早已发生，国民党反动政府正向武汉仓皇撤退。于是他便先去武汉。当时蒋介石伪称要在南昌召见杨，杨在戴笠陪同下从汉口乘专机到达南昌后，即被软禁在南昌百花洲熊式辉的别墅里。这时杨才知道中了蒋的毒计，万分愤慨，但已无可奈何。熊式辉的这所别墅，是一所独立的小洋房。担任内层警卫看守的，是军统便衣特务队。外层警卫岗哨由宪兵担任，防范异常周密。蒋介石怕杨回国后先去西北，那样便难下手，所以决定先行扣押。当时杨夫人及公子、随员等已返西安，但蒋介石仍不放过，遂又设法将他们骗往南昌，一同囚禁。后另有说法，杨夫人和公子是杨将军转囚益阳时才和他一道囚禁的。

约在1938年春南京沦陷时，蒋介石离开南昌之前，又令戴笠将杨夫妇及公子转移后方。从浙赣铁路乘专车经株洲到长沙，沿途警戒严密，上下车均在夜间。杨在长沙东郊朱家花园住了一些时候，又被押往益阳桃花坪，住在军统设在那里的临时监狱附近的民房内。直到冬天武汉撤退时，杨全家又被解往贵州息烽。离开益阳的前一个晚上，军统将囚禁在益阳的二十多名进步人士杀害了。这些人是从南京、南昌、武汉等地撤退时移禁到益阳的。据当时看守的特务队长李家杰谈：杨听到附近的枪声和惨叫声，一夜都没有睡，他以为会在那里杀害他。他搂着男孩说："我死了不知有谁来照料你!"他哪会想到,蒋介石以后杀害他的时候,连孩子也一同遭到毒手!第二天拂晓启程时,他看到特务们正在附近掩埋被害人的尸体,一语不发,带着无限悲伤的情绪上了汽车。到了贵州息烽县后,他又在军统设在阳朗坝的看守所住了一个时期。这个看守所以后改为军统息烽监狱,是一个可容四五百人的集中营,专门用作囚禁中共党员、进步人士和违犯军统纪律的军统特务分子的。中共四川省委车耀先、罗世文,党员张蔚林、张露萍、冯传讯(庆)等以及民主人士马寅初、黄显声等许多人都在这里囚禁过。人们只要关在这里两三年,便被折磨得连走半里路都不能支持。连军统特务们谈到这个监狱都不寒而栗,对革命人士的迫害就可想而知了!

　　1939年夏,戴笠到了息烽。他看阳朗坝离公路太近,怕出问题,便命令特务们另找地方。以后发现离息烽县城十多里的高山顶上的玄天洞,便决定将杨迁到那里去囚禁。戴笠亲自上山察看了一番,叫在附近修建供特务队和宪兵等居住的房屋以后,便将杨移送过去。玄天洞是一个天然的大石洞,有十丈多高,里面有一所道士庙,只有一个大洞口可供出入,警戒极为方便。特务将道士撵出,强占了这个地方。这个庙建在山洞内,终年不见阳光,因此潮湿异常。杨全家在西北地势干燥的地方过惯了,住此很不适宜,加上心情不快,便常常生病。这时杨已看出蒋介石短期内决不会释放他,为了长久打算,便一再表示,愿意自己出钱在洞外修间房子居住。看守他的特务队长李家杰是云南盐津人,一向贪财如命,听到他愿意自己出钱修房子,便极力帮他向戴笠请求,得到批准。杨高兴地拿出四百元美金,交与李家杰代办。李除在兑换美金时揩了一笔油水外,修建时又偷工减料,搞得十分简陋。杨对此非常生气,但也无可奈何,只好将就下去。

　　蒋介石对看守杨虎城的事极为重视,曾再三叮嘱戴笠不可大意。为此,戴笠于1940年又亲往息烽布置,除在杨住宅四周派有便衣特务严密看守外,外层宪兵也分两层布岗。宪兵连连部设在后山高地,可以控制后山和杨的住宅。军统特务队则设在前面上山的路口。岗哨距离近,白天彼此看得很清楚,晚上更缩小范围,并采用传更办法:用大竹子划两道口,像过去城市打更用的竹梆一样,以木棒敲打就发出很大的声音。每到夜间,隔一定时间，由第一个岗哨先敲几下。梆声刚落，第二个便得接着敲打。像这样轮流着一个个敲下去。只要有一处不响，带班的马上去检查。从天黑到第二天黎明，梆梆之声响彻高山深谷。

白天，杨可以在洞门口走动，他最爱走到距住所几十步远的一个山嘴上，去眺望通过息烽的公路。因为山上终年没有外人来往，只有从那里可以看看往来在公路上的汽车。一到夜间，便不准出门，只能在室内待着。

当时，戴笠时常派军统机关总务处长沈醉去看囚禁在贵州桐梓县的张学良和在息烽的杨虎城，了解他们的生活情况，也顺便送给他们一点吃的东西。戴笠对张学良生活上的待遇安排较好，因为张同宋子文关系十分要好。加上张夫人于凤至与赵一荻（即赵四小姐）两人在 1944 年前每年轮流陪张，她们都曾去美国，回来总带有不少东西，因而张的生活比较好点。而杨因蒋介石对他特别仇恨，从来没有外面接济，他自己有一点钱又舍不得用。加上当时法币天天贬值，经手特务揩油，所以生活相当困苦，他想换一套新棉衣都很不容易。军统机关任总务处长每次去看他，他总背着看守的特务向军统机关总务处长诉苦。军统机关总务处长当时哪里会同情他，还不是敷衍一下，叫他忍耐点。就是调整一下，也维持不了几天，又因法币贬值，仍旧是天天缺这少那，使他常为生活上的一些问题感到苦恼。

对于带在身边的小儿子的教育问题，杨很关心。由于军统不准他儿子上学读书（怕走漏消息），他便多次请求买一部百科全书或万有文库给他儿子阅读，后来总算准许了。他对此很高兴，自己也常拿这些书来消遣。军统机关总务处长每次同他谈话，他只谈在欧洲游历时看到的一些东西，绝口不谈西安事变时的情况。有一次偶然提到他和一个叫什么李虎臣的人守西安的旧事，马上就不愿意再谈下去。军统机关总务处长很佩服他的记忆力和他听别人念东西时那种专心注意的神情。他同人谈话，不但能很清楚地记得在什么地方，什么时间，看到过什么东西，而且在别人的谈话中，遇到什么地方有问题或不符事实，他都能在听完以后，一点一点地给指出来。

约在 1941 年间，杨夫人又生了一个女孩。这给他精神上带来不少安慰，但这是暂时的安慰，很快就变成了忧伤。因为军统认为他夫人谢葆真是共产党员，不但对她的言行特别注意，并且经常有意刺激她。几年中由于种种不如意事，使得她渐渐有些精神失常。她非常痛恨那些特务，甚至戴笠去时，她也愤怒地加以斥责，这更引起特务们的不满和仇视，总想方设法去折磨她，在她产后也很少给予应有的照顾。有一次她在吃饭，正感到饭菜粗劣难以下咽，恰好遇到特务队长李家杰去看他们，她便提出质问。李用言语顶撞她，她气愤极了，便将手中饭碗向李打去。李一看不对，拔腿便跑，回去便说她有很严重的神经病，要把她同杨隔离，以免妨碍杨的生活。军统批准了李的建议，硬叫她同杨分居，仍旧回到玄天洞庙内一个人去居住。经杨再三请求，才答应她住在洞外自建的房屋里，杨则搬进湿暗的玄天洞去。就这样把他们夫妇拆开。杨对此很为悲愤，但在那种情况下，又有什么办法呢！杨夫人被特务们这样折磨，神经真的越来越失常，整天叫骂，特务们都不敢见她，终日把她关在房内不让出来。杨每听到她叫喊，又不能去劝慰，只有暗中挥泪，难过异常。

1941 年冬或 1942 年春，戴笠去看杨。杨在忍无可忍的情况下，请求戴笠撤换李家杰，因为李使他太感痛苦了。戴只好答应下来，到重庆后便改派龚国彦去接替李任队长。另外派原来在特务队任医官的张静甫兼任副队长。李家杰因为经常反映杨夫妇的情况，看守有功，被提升为中央训练团警卫组上校副组长，代理戴笠所兼任的组长职务。

龚国彦，浙江人，系戴笠所办杭州特训班毕业的特务，戴一向认为他忠实可靠。他外表较李对人温和，而实际上同李一样毒辣阴险。张静甫，河北人，系戴笠所办湖南临澧特训班毕业的特务，曾学过几年医，但没有什么临床经验，什么病也看不好。杨夫妇有病，经常请息烽军统特训班医官去诊治，偶尔也请过几回中医。约在 1944 年前后，杨夫人病情有了好转，才准许杨搬回新洞自建的屋内，与她同居。

戴笠对看守杨的工作，除了前面所谈的警卫布置外，还特别叮嘱军统息烽监狱主任周养浩经常去看看。周是戴的小同乡，也是一个非常凶狠残暴的特务头目。戴很信任周，因周管理息烽监狱那一整套的严密管制犯人的办法，很为戴笠所称赞。虽然看守杨的特务队是直接受军统司法处和特务总队所领导，但也要受周的监督，因为多一层关系，可以更好地防止日久发生意外问题。周经常去陪杨打小麻将消遣，每次总有龚国彦在场。杨因心情不畅，每打必输。

虽然有了这些严密布置，但戴笠还怕不妥，便连息烽县长的职位也抓了过来，先后介绍军统特务邓匡元、徐羽仪、陈国桢去当县长。这样一来，所有地方组织一起掌握在军统特务手中，共同配合看守杨。当时军统在息烽有特训班、监狱、仓库，加上看守杨的特务队、宪兵、电台和电机制造所等。如果县长不是军统人员，让别人充当县长，恐怕连县政府大门都会被这些凶神恶煞的特务拆掉。当时，不要说住在这些特务机关附近的老百姓叫苦连天，有冤无处诉，只能眼看这些腰上插着手枪的特务横行霸道无所不为；甚至连经过息烽的汽车司机都要提心吊胆捏着一把汗。只要特务们一招手汽车就得赶快停下来。停慢了，就会听到"叭"的一声手枪响了。再不识相，第二下就会使挡风玻璃穿一个洞。

当日本投降的消息传到息烽后，杨夫妇、公子听了都高兴得跳了起来。但杨一想到他自己原来抱着满腔爱国热忱，从欧洲赶回共赴国难，不但没有在抗战中做过一点工作，反而被囚禁了八年，真使他悲愤万分。这时他认为蒋介石会释放他。可是又怕蒋在胜利后忘记了他仍被囚禁在这荒山深谷，几次动笔想写信给蒋和于右任，希望不要忘了他，早点把他释放出去。他为了要求蒋抗日，不再打内战而扣留蒋半个月。而结果被蒋囚禁了八年，总以为宿怨可以消除了。他把信写好又撕毁，一直希望蒋能自动释放他。他每天盼望，一直望到1946年夏天，军统把在息烽的单位全部结束，迁并到重庆，才决定把他也迁到重庆继续囚禁。当杨听说要回重庆，真有说不尽的快乐和希望。可是一到重庆，又把他囚禁到歌乐山下面中美特种技术合作所杨家山的一座平房内。杨此时希望完全破灭，终日长吁短叹。杨夫人更加气愤，经常责骂蒋介石太没心肝，特务不是人。杨知道这样会更惹祸，时常劝阻，经过八年的折磨，杨夫人的身体越来越坏。特务们因为恨她，病了不但不医治，反而借故刺激她。到了1947年，她便含着满腔愤恨，与世长辞了。杨悲愤异常，终日抱着幼女，老泪纵横，饮食锐减。他原来声音非常洪亮，每次饮酒划拳，声震山谷。这时声音变得低沉，身体也消瘦下来。这些情况传到蒋介石耳内时，他总是得意地一笑。

1949 年 9 月 6 日，杨将军和他的幼子、幼女，他的秘书宋绮云夫妇和幼子，在蒋介石亲自策划下，全部被惨杀于重庆歌乐山半山坡上的戴公祠。

全家被杀

1949 年 9 月 6 日，杨虎城将军在重庆被国民党特务秘密杀害，终年 56 岁。同时被害的还有杨虎城的儿子杨拯中及不满 10 岁的女儿、杨虎城秘书宋绮云夫妇及孩子宋振中、副官阎继明、警卫员张醒民。

1949 年 9 月，周养浩到贵阳，对杨虎城说蒋介石要在重庆见他，把他送往台湾，杨虎城信以为真，6 日乘车重返重庆中美合作所。车一出发，周养浩就给毛人凤打了电报，让重庆特务安排好行刺。当晚 11 时许，杨虎城和儿子拯中及秘书宋绮云等人到达戴公祠。特务张鹄引他们进入房内，杨虎城走在最前面，儿子拯中双手捧着母亲的骨灰盒跟在后面。

当拯中正要进入卧室时，特务杨进兴从杨拯中身后下手，匕首刺进了杨拯中的腰间，杨拯中一声惨叫："爸！……"杨虎城猛一回头，还未来得及看清自己儿子被刺的惨状，就被刽子手的利刃杀害了。宋绮云夫妇和他们的孩子也一同被害，杨虎城年仅九岁的幼女也未能逃过这一劫难。一时血流满阶，惨不忍睹。凶手们在杨虎城父子二人的面部淋上硝镪水，然后把杨虎城的遗体掩埋在花园的一座花坛里。

1949 年 11 月 30 日，重庆解放，解放军第二野战军领导当天命令调查杨虎城的下落，第二天发现杨虎城的遗体。12 月 16 日，中共中央委员会和中央人民政府分别发来唁电。1950 年 1 月 15 日，重庆市政府举行隆重的追悼会，刘伯承、邓小平等党政负责人及民主党派、人民团体、文教界、新闻界代表共 1000 余人参加了追悼会。同年，将杨虎城迁葬于西安城南长安县韦曲镇的"杨虎城将军烈士陵园"。

【毛泽东评说】

1936 年 8 月 13 日，毛泽东在《致杨虎城》的信中说：

杨虎城

虎臣先生勋鉴：

先生同意联合阵线，盛情可感。九月以来，敝方未曾视先生为敌人。良以先生在理在势在历史均有参加抗日战线之可能，故敝方坚持联合政策，不以先生之迟疑态度而稍变自己之方针。然为友为敌，在先生不可无明确之表示。虚与委蛇的办法，当非先生之本意。目前日本进攻绥远，陕甘受其威胁。覆巢之下，将无完卵。蒋氏（介石）向西南求出路，欲保其半壁江山，依靠英国，西北已非其注意之重心。全国各派联合抗日渐次成熟，而先生反持冷静态度——若秘密之联系，暗中之准备，皆所不取，甚非敝方同志所望于先生者也。兹派张文彬同志奉诚拜谒，望确实表示先生之意向，以便敝方作全盘之策划。先生如以诚意参加联合战线，则先生之一切顾虑与困难，敝方均愿代为设计，务使先生及贵军全部立于无损有益之地位。比闻贵部移防肤（施，即延安）洛（川），双方更必靠近，敝方庆得善邻，同时切望贵部维持对民众之纪律，并确保经济通商。双方关系更臻融洽，非特两军之幸，抑亦救国阵线之福。具体办法及迅速建立通讯联络等事，均嘱张同志趋前商订。专此奉达，不尽欲言。

敬颂

公祺

毛泽东

八月十三日

——中共中央文献研究室编：《毛泽东书信选集》，人民出版社1983年版，第38—39页。

毛泽东在读《新唐书》卷一百十三《徐有功传》时批注曰："'命系庖厨'，何足惜哉，此言不当。岳飞、文天祥、曾静、戴名世、瞿秋白、方志敏、杨虎城、邓演达、闻一多诸辈，以身殉志，不亦伟乎！"

——中共中央文献研究室编：《毛泽东读文史古籍批语集》，中央文献出版社1993年版，第237页。

【作者述评】

在西安事变前，毛泽东曾以个人名义写信给杨虎城，劝他坚决站在抗日联合战线一边，不用犹豫不决，并派张文彬同志前去当面会谈。所以，后来杨虎城与张学良才发动西安事变，进行兵谏，逼迫蒋介石抗日，为国家为民族作出了历史贡献。

毛泽东在读《新唐书》卷一百十三《徐有功传》时批注曰："'命系庖厨'，何足惜哉，此言不当。岳飞、文天祥、曾静、戴名世、瞿秋白、方志敏、杨虎城、邓演达、闻一多诸辈，以身殉志，不亦伟乎！"

毛泽东同志称赞他是"以身殉志，不亦伟乎"的人民英雄。这句话是毛泽东读《新唐书》的《徐有功传》的批语。徐有功是唐朝武则天执政时期的执法大臣。他秉公执法，不徇私情，屡遭权贵嫉恨和诬陷，曾三次被判死刑，却守法不阿。他在一次被弹劾罢官又被起用时，给武则天写了一封奏折，其中有"命系庖厨"的话，意思是说，生活在山林里的小鹿，很难逃脱被猎杀，成为人们厨房里案板上的肉的命运。徐有功以鹿自喻，说出了作为正直不阿的执法大臣的共同命运。在毛泽东看来，为公正执法而死，以身殉志，是很伟大的。毛泽东从徐有功谈死，联想到许多古今志士、仁人，其中他想到的第一个国民党人就是杨虎城，可见杨虎城在他心目中的地位。

邓演达

【邓演达小传】

邓演达（1895年3月1日—1931年11月29日），字择生，生于广东惠阳永湖乡（今惠州市惠城区三栋镇），原籍广东梅县丙村镇，著名的国民党左派领导人。著有《邓演达文集》。

人物生平

家庭背景

邓氏祖先由广东梅县迁居广东惠州，世代务农。邓演达的父亲邓镜人为清代光绪年间的秀才，初创该乡私塾并创办鹿岗学校（今演达学校前身）。母亲叶氏，为农家女，劳作终生。

邓演达出生于1895年3月1日，在家排行老四，其大哥邓演存，陆军大学毕业。邓演达夫人是郑立真。邓演达的女儿是邓京育。

初出茅庐

清光绪二十年（1895），邓演达出生于广东惠阳永湖乡鹿颈村一个贫寒家庭。少年时代受到反帝反封建思想的影响，曾随姚雨平等革命党参加反清活动，做交通员，到广州，佛山一带为革命党人传递文件。

1907年，孙中山领导的惠州七女湖起义使邓演达受到了更大的激励。

1909年，14岁的邓演达先生即考入广东黄埔陆军小学，编为第四期学生。虽然他年龄最小，但学习成绩最好，聪颖过人，在同学中有"铁汉"之称，为校长邓铿（字仲元）所赏识，并被吸收为同盟会员，宣誓时还打了手印。当时全校同盟会的革命党员只有 20 多人,各期学生都有一位党务主持人。邓演达这一时期的同盟会员有郭冠杰、肖冠英、廖尚果、陈济棠等人。有一次邓仲元对其同乡学生廖尚果说,要多努力,争取得个第一名,为惠州人争光。廖回答说:"争取第一名自有邓演达,轮不到我,不找这个麻烦。"参加同盟会后,他们经常传阅秘密的宣传刊物,受到很大的教育。每逢节假日,又经常集结在一起,到黄埔郊外活动,议论国家大事,在革命大潮中,逐步树立起革命的人生观。当时,同盟会干部姚雨平负责广州附近军事学校和巡防营的组织发展工作,经常需要与各地同盟会组织进行联络。清官府因广东新军和巡防营不稳,风声鹤唳,故而对出入军中的人员有盘问搜查。邓演达聪明机警,个子矮,"以年幼,长随姚雨平辈作交通员,往来于广州佛山间",不易引起清兵的怀疑,"所有一切秘密函件,皆由先生一人经手传达,机密而且迅速,故一般革命党员皆亟加称许"。

投身革命

1910 年,广州庚戌新军起义,由于事起仓促而失败,清军到处捉拿革命志士。在白色恐怖中,邓演达、郭冠杰等"陆小"学生身着军服,佩戴校徽、臂章,秘密携带宣传标语,避开军警,由黄浦进城,四处散发传单。反清宣传品的出现,激发了人民反清的斗志。

1911 年 4 月 27 日下午,黄花岗起义的枪声震撼着黄埔陆军小学的每个角落。陆军小学的同盟会会员本来受命于 4 月 29 日配合起义,因提前起义失败,未及执行命令。10 月 10 日,武昌起义爆发,14 个省市立即响应,宣告独立。广东陆军小学堂也成立了革命军,邓演达与郭冠杰等人,被派往汕头。住在致安街长发祥客栈待命,随后参加姚雨平领导的韩江第四军。邓演达等人到了汕头之后,与当地义军会合,分三路分别进攻警察局、水巡局和炮台。清朝官兵闻风而逃,未及交锋就缴获一百多支枪。潮汕之役胜利后,成立了以革命党人为主体的广东军政府。"陆小"的学生军从潮汕回到广州,邓铿派邓演达到黄顺和统领的民军当教官,把民军训练成正规的革命军。16 岁的邓演达当教官,在革命军中成为佳话。姚雨平组织了 8000 人的广东北伐军，在广州誓师北伐。18 日到达上海。

1911 年（16 岁），邓演达于广东陆军小学毕业，不久参加姚雨平率领的学生军的北伐活动。

1912 年（17 岁）春，邓演达离开部队，返回广东，入广东陆军速成学校学习。

1913 年，邓演达从广东陆军速成学校学习一年后毕业。适逢孙中山发动讨伐袁世凯的"二次革命"，他精神振奋，立即参加了由邓铿策划、以林震为总监的北伐军兵站总监部卫队营，任第三连连长，积极投入北伐的准备工作。由于炮兵叛变，反袁北伐军未及行动而告解散。各地反袁起义亦接连失利，不到两个月，"二次革命"，就以失败而告终。

1914 年（19 岁），邓演达考进武昌陆军第 2 预备学校，继续攻读军事。

1915 年（20 岁），邓演达于武昌陆军第 2 预备学校毕业，后派往部队见习。

1916 年（21 岁），邓演达在部队见习期满后，升入保定陆军军官学校工兵科第 6 期学习。

1919 年（24 岁），邓演达于保定陆军军官学校学习期满，毕业后到西北边防军见习。

1920 年（25 岁）年初，经辛亥革命元老、孙中山粤军总司令部参议何子渊（何贯中长兄）引荐，邓演达到福建漳州参加援闽粤军。任宪兵连连长。8 月援闽粤军回师广东，驱逐桂系军阀。

邓演达率宪兵队随军出发，任督战队队长，并屡向上级献策，打败敌军，深受邓仲元赞许。年底孙中山回广州重建军政府，并下令整编粤 1、2 两军，邓演达在整编时升任第 1 军第 1 师师部参谋兼步兵独立营营长。后 1 师设军官教育班以培训下级军官，邓演达兼任教育班班主任。

1921 年（26 岁）7 月，邓演达调任 1 师工兵营营长。年底奉邓仲元之命，陪徐树铮到桂林与孙中山会晤。邓演达工作认真，衷心拥护孙中山的革命主张，深得孙中山嘉许。

革命事迹

1922年（27岁）3月，忠实执行孙中山的革命主张的粤军第1师师长邓仲元遭暗杀。邓演达十分悲痛，表示誓要继续拥护孙中山的革命事业。5月参加孙中山督师的北伐，入江西作战。6月陈炯明于广州发动武装叛乱，公开反对孙中山，第1师内部拥陈者不少，但邓演达始终不为所动。11月受1师梁鸿楷等拥孙派委托，前往上海晋见孙中山，表示继续拥孙之决心。孙中山对邓印象更佳，旋面授任务，嘱配合滇、桂军共同讨伐陈炯明，邓当即回粤传达孙中山的指示，积极策动反陈斗争。

1923年（28岁）1月初，粤军1师沿西江东下，配合滇、桂军讨伐陈炯明。邓演达率领工兵营担当前锋，并前往指挥。部队抵三水时，邓演达前往说服三水防军负责人陆兰培参加讨陈。并代表1师任陆为团长。1月15日讨陈联军进抵广州，陈逆退守惠州。邓演达率部队驻广州越华路广东省省长公署。1月底西江一带情况紧张，邓演达奉命率部驻江门。2月上旬孙中山从上海返广州，设大元帅府于广州河南。下令整编粤军，1师扩充为粤军第4军，工兵营扩编为1师3团，邓演达被任命为3团团长。4月驻肇庆、三水、清远一带的桂军沈鸿英叛乱，邓演达奉命率部队讨伐，以地雷队炸开肇庆城垣，歼灭守敌。不久，滇军杨如轩等率部在广州叛乱，邓演达奉孙中山之命，率3团赴返广州拱卫大本营。孙中山授邓演达为少将衔参军。9月沈鸿英部从广西袭扰西江一带，邓演达奉命率第3团入桂，占领梧州打击沈鸿英的势力，并与李宗仁、黄绍竑等合作，进行统一广西的工作。7月底陈炯明部骚扰东江博罗一带，邓演达奉孙中山手谕，率所部往东江与陈军作战。8月间，讨陈战役结束后，复移驻肇庆休整。年底1师师长李济琛于肇庆设西江讲习堂，任邓演达为特约教官。

1924年1月20日，在孙中山主持下，国民党"一大"于广州召开。大会接受了共产党提出的反帝反封建主张，重新解释了三民主义，确定了联俄、联共和扶助农工三大革命政策，以国共两党合作为基础的革命统一战线正式形成。邓演达衷心拥护孙中山的革命政策，并努力贯彻执行。在中国共产党和苏联的建议支持下，孙中山决定筹办黄埔军校，任蒋介石为军校筹备委员长，王柏龄、李济琛、沈应时、林振雄等7人为筹备委员，分设教授、教练、管理、军需费、军医5部，推定王柏龄、李济琛（由邓演达代）、林振雄、俞飞鹏、宋荣昌等为临时主任，分部办事。同年3月1日孙中山任蒋介石为黄埔军校入学试验委员会委员长，任王柏龄、邓演达、彭素民、严重、钱大钧、胡树森、张家瑞、宋荣昌、简作桢为试验委员。

1924年6月1日，黄埔军校开课，任李济琛为副主任，邓演达为团长职务，团长职务在校长之下。军校分设6部，为了专心搞好军校工作，邓演达辞去1师3团团长职务。

1924年6月16日，黄埔军校举行开学典礼，孙中山出席主持并发表演说，邓演达等也出席了开学典礼。8月蒋介石任用亲信王柏龄等，坚持革命立场的邓演达受排斥，无法开展工作，乃决定离开军校到上海，准备到德国留学深造。同年12月2日在上海写信给张难先，表明自己离开黄埔军校到德国留学是由于蒋介石结党营私、排斥异己所致。

1924年12月13日，国民党中央执委会及国民政府委员于武昌开会，决定在武汉先行成立"国民党中央执行委员暨国民政府委员临时联席会议"，在国民政府正式迁都之前，执行最高职务。邓演达出席了会议表示拥护这一决定。12月28日国民党中央决定于武汉成立中山大学。中山大学筹备委员会是日于武昌成立，邓演达、郭沫若、徐谦等人被委为筹备委员，积极进行筹备工作。

1925年（30岁），年初抵德国柏林。在德期间，他勤奋钻研经济、政治、社会等学科，努力掌握德语，并与正在柏林的共产党人朱德、孙炳文等人交往。3月在德国听到孙中山病逝噩耗，不胜悲痛，曾致信友人表示"此后，不独中国，即亚洲前途亦黯然！"并在柏林参加组织悼念孙中山逝世的活动。冬天由于国内形势发展迅速，深感不能再在国外闭门研究，于是离开柏林，经莫斯科回国，投入斗争。

1926年（31岁）1月1日，国民党"二大"在广州召开，邓演达从国外赶回参加大会，并在会上作关于游欧经过的报告。大会至19日结束，邓演达当选为本届候补中央执行委员。1月中下旬复回黄埔军校工作，任教育长，主持校务。大力支持中共广东区委提出的关于在军校设置政治科等正确主张。2月黄埔军校改组为中央军事政治学校，委蒋介石、邓演达、严重、邵力子、熊雄、陈公博、冯宝森等7人为改组筹备委员。8月20日蒋介石在广州制造了反革命的"中山舰"事件。邓演达极不满蒋介石所为，更加遭蒋嫉恨。4月由于坚定奉行孙中山的革命政策，坚持与共产党人紧密合作的立场，乃被蒋介石借故调离黄埔军校，到潮州任黄埔军校潮州分校教育长。

1926年5月1日，为纪念"五一"国际劳动节，撰写了《今年"五一"节的意义》一文。6月5日在中国共产党的倡议与支持下，国民政府决定出师北伐，成立国民革命军总司令部和总政治部。邓演达被任命为总政治部主任，着手筹建总政治部。6月27日黄埔军校同学会召开同学恳亲大会，出席并发表演说。6月于国民革命军出师北伐前，在广州召开政治工作会议，部署有关北伐中政治工作问题，并要求政治部工作人员注意做发动农民工作，在广州主持开办战地工作人员特别训练班，聘请周恩来、恽代英、陈启修等人为教官，邓演达本人亦参加讲课。7月9日誓师北伐典礼在广州隆重举行。7月12日应邀为广州工人代表大会召集的各工会代表会议作政治报告，大会通过了《政治报告决议案》。7月21日应邀出席广州农工商学联合会召开的15万人群众示威大会并发表演说，表示国民革命军要与人民相结合，要为人民解除痛苦。7月25日（或26日）离开广州赴北伐前线。8月12日蒋介石于长沙召开军事会议，讨论第2期北伐作战计划等问题。邓演达与李宗仁、唐生智、白崇禧、张发奎等高级将领均出席了会议。8月21日从长沙致电广州国民政府，报告北伐军已于是日攻占岳州。8月24日命令总政治部的工作人员分为先遣队与留守部，先遣队应随军前进，及时做好政治工作。

1926年8月27日至30日，北伐军先后攻克汀泗桥与贺胜桥，直指武汉。这期间，邓演达经常带有关工作人员在前线参与军事指挥工作。9月1日北伐军向武昌城展开进攻未克。邓演达亲临前线，参与攻城司令部的军事指挥工作。9月3日北伐军继续组织攻打武昌城。邓参加督战，但因敌人设防坚固，仍未能攻克。9月5日邓演达继续参加督战，攻打武昌城。

是役，他的翻译纪德甫不幸中弹阵亡，邓本人的马被敌人流弹打死，身上军服也被打穿10洞，幸本人无恙。9月7日于武昌南湖文科大学亲自主持召开追悼纪德甫大会，并代表政治部致悼词。9月8日由于汉口被北伐军攻占，总政治部决定于汉口设办事处，邓演达命郭沫若主持汉口办事处工作。9月14日广州《工人之路》刊登了邓演达致省港罢工委员会函，对罢工工人的反帝英勇斗争表示支持及慰问。

1926年10月10日，北伐军攻占武昌。国民党中央决定成立湖北常务委员会，筹备成立湖北省政府，委邓演达为政务委员会主任。由于总司令部率部移师江西，决定于汉口设行营，委邓演达兼任行营主任。10月11日邓演达主持召开总政治部部务会议，决定总政治部全部迁往武昌办公，驻旧省议会。他在会上还提出总政治部今后工作应偏重农民运动方面。

10月15日国民党中央执委监委、各省区特别市及海外代表联席会议于广州召开，讨论国民攻府是否迁都武汉等问题。邓演达出席了会议，主张迁都武汉。后会议以形势仍未安定，拟暂不迁都。同年11月1日主持成立中央军事政治学校武汉分校，亲任招考委员会主席，郭沫若、包惠僧、詹大悲、李汉俊、董必武等14人为委员。11月11日与唐生智等前往九江参加蒋介石召开的有关军事会议。同年11月26日国民党中央政治会议于广州召开，再次讨论并通过迁都武汉。邓演达参加了会议，并被委托赴武汉负责迁都的各项准备工作。

1926年11月27日，从广州飞武汉，负责迁都的准备工作。随后，国民党中央及国民政府有关委员分批离穗北上武汉。与李宗仁等参加蒋介石在庐山召开的军事会议。由于对蒋介石的军事独裁及分裂阴谋有所察觉，乃对别人说"蒋介石故意要把军队系统化，造成他个人的军队"。

1927年（32岁）1月1日，国民党湖北第四次代表大会举行，一致推举邓演达为大会主席团主席，并为此致电邓演达，要求他早日到会"指挥一切"。1月4日从武汉抵南昌，指责蒋介石截留途经南昌之国民党中央委员和国民政府委员的行为，但不为蒋所接受。1月7日以总政治部主任名义先后任命了一批各军、师的政治工作人员。上旬国民党中央政治会议决定在武汉设政治会议分会，以"应付日前政治形势"。分会指定宋庆龄、邓演达、董必武、陈友仁、孙科、宋子文、陈铭枢、唐生智等13人为委员。1月11日蒋介石从南昌抵武汉活动。在邓演达等支持下，50万群众在欢迎大会上要求蒋介石接受迁都武汉的要求。1月17日出席蒋介石举行的武汉各界代表招待宴会，再次带领到会代表，当场质询蒋介石违抗迁都、大搞分裂的行为。是日，国民革命军第4军于武昌举行追悼阵亡将士大会，邓演达参加了大会，并发表演讲，表示要努力解放工农群众。1月18日国民党中央及湖北省党部开会，讨论筹备组织湖北省政府等问题，邓演达等20人出席。会议通过徐谦、邓演达等11人为委员，下设7个厅，邓演达兼任军事厅厅长，定2月1日正式成立省政府（后因筹备未果，延至4月成立）。

1927年1月中旬，被委任为中央军事政治学校武汉分校代理校长。1月25日与徐谦等15人为湖北人民审判委员会委员，负责审判盘踞武汉顽抗北伐军的直系军阀将领陈嘉谟、刘玉春等人。1月26日从武汉赶江西，参加蒋介石召开的军事会议。2月9日在吴玉章主持下，国民党中央在汉口召开高级干部会议。会议发表宣言，提出反对独裁、扶助农工运动，并由吴玉章、徐谦、邓演达等人组成行动委员会，作为领导机构。2月11日在邓演达主持下，湖北政务委员会举行第23次政务会议，讨论有关政务诸问题。2月12日在武昌主持中央军事政治学校武汉分校及学兵团开学典礼并发表演说。2月18日主持总政治部农民问题讨论会并发表演说阐述农民问题的重要性。该讨论会按例逢星期六下午举行，如无特殊情况，邓演达都参加主持。邓演达撰写的《大家应该注意的是什么？》一文，作为《汉口民国日报》"代论"在该报发表。

1927年2月20日，在武昌参加中山大学开学典礼并发表演说。2月24日在有20余万人参加的武汉国民党党员大会上发表讲话，指出国民党中央完全为老朽昏庸的反动分子所把持，当前亟应大力反对这些老朽昏庸分子，促进国民党的统一。2月25日与吴玉章等12人参加中央政治会议，讨论关于外交策略等问题。2月27日湖北阳新县豪绅地主杀害了湖北省农协特派员成子英等9人，造成了"阳新惨案"。事后，由邓演达、毛泽东、吴玉章3人共同组成"处理阳新惨案委员会"，责成有关方面严惩凶手，并召开有 9 万人参加的死难烈士追悼大会，大力支持阳新农运的开展。

1927 年 3 月 1 日，中央农民讲习所在武昌正式开课，该所以国民党中央农民部名义开办，由邓演达任所长，毛泽东为副所长并主持日常工作。3 月 4 日湖北省农协第 1 次代表大会于武汉举行。大会聘请毛泽东、邓演达、林祖涵、李汉俊等人为大会名誉主席。在开幕式上，邓演达发表演说，表示自己"不是拿大老官的资格来讲话，而是拿小兄弟的资格来讲话"。3 月 3 日后方留守主任孙炳文致电邓演达，向他报告日前举行后方政治工作联席会议经过。3 月 6 日为期 3 个月的总政治部宣传员训练大队举行开学典礼暨党部成立大会。邓演达出席大会并发表演说。3 月 7 日国民党中央执委会召开全体会议，讨论召开国民党二届三中全会有关问题。邓演达出席了会议，并与吴玉章、徐谦、恽代英、陈友仁等人一道被选为提案委员。3 月 10 日国民党二届三中全会于武汉开幕。会议通过了限制蒋介石的军事独裁的一系列决议案。邓演达出席了会议，对会议的顺利进行作出了贡献。他还与毛泽东等联名在会上提出了关于土地问题的提案，获大会通过。会议至 17 日结束，邓演达被选为中央执行委员，中央政治委员会委员及中央农民部部长，并被任命为中央军事委员会总政治部主任。

1927 年 3 月 12 日，为纪念孙中山逝世 2 周年，武汉三镇同时分别举办纪念大会。大会发表了谴责蒋介石分裂革命的通电，邓演达出席了武昌方面的集会，并发表演说。是日，又到国民革命军第 11 军部作关于当前政治形势等问题的报告。3 月 13 日到湖北省农民代表大会工作政治报告，指出当前是我们整个革命势力向封建势力进攻的时候，鼓励农民要联合一切革命力量，勇敢起来投入斗争，"将来必可造就一个农民世界"。3 月 14 日出席国民党湖北省党部纪念周，被选为主席团总主席，在大会作政治报告，指出农民问题是革命的根本问题。3 月 15 日总政治部农民问题讨论委员会开会，招待湖北农民代表大会代表。邓演达主持会议，并在会上发表讲话，一再强调农民问题的重要性。号召农民"快些组织起来"，"团结斗争，造成我们的新世界"。

1927 年 3 月 16 日，向国民革命军第 4、第 11 军军官作报告，介绍国民党二届三中全会的经过以及阐述农民问题的重要性。3 月 19 日应邀出席国民党中央宣传委员会第12次会议,作关于最近军事及政治工作情况的报告。蒋介石派心腹曾扩情等从南昌抵武汉,企图诱惑邓演达放弃反蒋斗争及革命立场,遭邓严词拒绝。3月21日国民党中央军事委员会成立。邓演达当选为军事委员会委员兼主席团成员。国民党中央执委会政治委员会第3次会议讨论关于湖北省政府正式成立时间及人选等问题,指定邓演达、谭延闿、吴玉章具体负责处理有关事宜。3月22日湖北农民协会第一次代表大会闭幕,邓演达、陆沉等17人当选为执委会委员。由于宣传工作需要,邓演达下令从北伐宣传训练班中抽调30余人分发到驻河南省各军工作,是日束装出发。3月27日在中央农民运动委员会会议上作报告,强调武装农民的重要性,指出只有各县农民武装起来,才能真正打倒劣绅。3月28日国民党中央农民部召开各省农运负责人会议,讨论关于筹备成立全国农民协会等问题。会议由邓演达主持,毛泽东、方志敏、周以栗、易礼容、陆沉等出席了会议。

1927年3月30日,湘赣鄂豫四省农民协会执行委员联席会议于武昌举行,讨论和决定成立全国农协临时执委会,以负责筹备召开全国农民代表大会、成立全国农协等事宜。邓演达主持会议并发表讲话。会议决定成立全国农民临时执委会,选举邓演达、毛泽东、彭湃、方志敏、谭延闿、谭平山、陆沉等13人为执行委员,并以邓演达、谭延闿、谭平山、毛泽东、陆沉等5人为常务委员,邓演达兼任宣传部部长,毛泽东为组织部部长,彭湃为秘书长。3月31日在第11军全军政治工作人员会议上发表演说,指出今后军队主要任务为全力打倒奉系军阀及维护民众利益。月底国民党湖北省党部农民部决定组织湖北农民运动委员会,聘请邓演达、毛泽东等9人为委员。国民党中央党部决定将中央军事政治学校武汉分校实行的校长制改为委员制,正式任命谭延闿、邓演达、恽代英、徐谦、顾孟余5人为委员,谭、邓、恽3人为常委。

1927年4月2日,在《汉口民国日报》发表《中国革命的新阶段与国民革命的新使命》一文,阐述工农群众在革命中的作用等问题。4月4日中央农民运动讲习所于3月初开学后,是日在所长邓演达主持下举行正式开学典礼。邓演达在致辞中论述了农民问题的重要性。在中央军事政治学校纪念周上作政治报告，强调指出当前革命进程中要解决两个最大问题，即农民问题及土地问题。4月8日国民党中央决定成立土地委员会，任命邓演达、谭平山、徐谦、顾孟余等为委员。是日，邓演达主持召开第一次会议并作报告指出当前一切问题及一切矛盾，都集中在农民问题上，亦即集中在土地问题上。因此急应开会讨论，国民党应迅速制定出方案去解决这个严重急逼的大问题。4月9日中华全国农民协公临时执委会成立，执委通电就职。上旬武汉分校正式改为中央军事政治学校，隶属于中央军事委员会。由中央军事委员会任命邓演达、恽代英、顾孟余、徐谦等人为校务委员。在邓演达主持下，中央军事委员会总政治部决定成立一个宣传列车办事处，共设车厢80余辆，宣传人员1000余人，负责在铁路沿线一带进行政治宣传工作。

1927年4月10日，湖北省政府正式成立，邓演达等11人为政府委员。4月10日至11日在《汉口民国日报》发表《最近中国农民运动状况及国民党关于农运之计划》一文。4月12日蒋介石在上海公开叛变革命，大肆逮捕及屠杀共产党人和革命群众。4月15日，由是日起，中央军事政治学校在邓演达、恽代英等领导下，举行反对蒋介石与帝国主义勾结背叛革命运动周，派出宣传队向市民进行宣传活动。4月17日武汉国民党中央及国民政府发布命令，斥责蒋介石叛变革命，宣布开除其党籍及撤销其本兼各职，并下令逮捕严惩。4月19日出席国民革命军于武昌举行的第2次北伐誓师大会并发表演说，论述北伐的重要意义。4月22日国民党中央执行委员，国民政府委员及军事委员会委员汪精卫、宋庆龄、何香凝、邓演达、陈其瑷、谭延闿、毛泽东、吴玉章、董必武、恽代英等40人联名发表讨蒋通电，痛斥蒋介石叛变革命的罪行。

1927年4月28日，在武汉出席欢送北伐军出师大会并发表演说，号召将士们要以英勇奋斗精神，坚韧不拔的意志，排除一切困难，为革命杀开一条血路。4月29日在武汉与宋庆龄、何香凝等出席欢送第四方面军总指挥唐生智出发前方大会。同日，与彭湃等在汉口花世界大舞台向武汉各校学生作关于农民问题的演讲。下旬为配合二次北伐，开展农民运动，国民政府决定成立战时农民运动委员会，由邓演达任主任兼组织科长。该会办事处暂设武昌湖北省农民协会。5月5日与毛泽东等出席中央农民部召开的大会，欢送战时农民运动委员会的工作人员出发前方工作。5月7日在邓演达支持下，黄埔军校各期毕业生及中央军事政治学校学生于军校举行讨蒋大会，并通过成立讨蒋委员会。5月10日在汉口《中央日报》副刊发表《艺术性的诞生》一文。5月12日统率总政治部工作人员离开武汉，抵北伐前线，到驻马店一带视察工作，总政治部由副主任郭沫若留守。5月14日从前线返武汉，翌日又偕同俄顾问铁罗尼等乘机赴前线，参与指挥工作。5月21日奉邓演达的命令，战地伤兵慰劳委员会成立，负责慰劳安置北伐中负伤之官兵，邓亦亲自前往慰问伤兵。5月22日在西平向各将士及政治工作人员发表演说，指出国民革命军应与民众相结合，才能取得胜利。5月24日率领政治工作人员抵周家口工作，并随军前进。5月26日于张梁庄再次向第11军政治部工作人员发表演讲，论述当前北伐形势，对政治工作人员提出勇敢、吃苦，忠实、努力地工作的要求。

1927年5月28日，临颖之战，邓演达亲临前线参与指挥。第11军26师77团团长、共产党员蒋先云于是役壮烈牺牲。邓演达以总政治部主任名义下达命令，要求本部工作人员开办各种训练班，并派出政治工作人员到临颖、许昌等地工作。6月1日致电总政治部副主任郭沫若，嘱其前来北伐前线协同指挥。6月10日汪精卫、唐生智、孙科、顾孟余、张发奎、谭延闿、徐谦、邓演达等与冯玉祥在郑州举行会议。冯玉祥、汪精卫等在会上提出反共，邓演达表示反对，但不为接纳。会后，汪精卫集团反共活动日益加剧。6月14日从河南前线返回武汉。6月19日主持中央农民运动讲习所毕业典礼，在会上发表了题为《农民运动的理论和实际》的演说。

1927年6月20日，湖北省农协扩大会议开幕。大会通过邓演达、彭湃等9人为主席团成员，会议期间，邓演达在会上发表题为《农民运动最近的策略》的演说，指出近来湖北农运工作有些缺点，但仍表明支持农运的态度。6月24日在国民党湖北省市县党部联席会议第三次会议上，发表关于国民党的根本问题的讲话，指出发展农民运动是唯一的途径，当前的口号是要"接受为推进农民运动、实现总理三民主义的批评，拒绝反对农民运动的批评"。他在讲话中还提出要"打倒南京伪政府的纲领"。6月25

日邓演达在其公馆召开扩大（总政治部）部务会议，部署今后工作事宜。6月29日中国济难会于汉口总商会召开济难会及各省干事联席会议，通过成立全国总会临时干事会及审查会。邓演达与吴玉章、宋庆龄、何香凝、苏兆征、邓中夏等20人当选为审查会委员，郭沫若、恽代英等30人为干事会委员。

1927年6月30日，出席国民党中央执委委会政治委员会第33次会议后，发表了《告别中国国民党同志们》的告别书，谴责汪精卫与蒋介石同流合污、背叛革命的行径，表示自己"一面准备着争斗，一面准备着如果我们的中央确固了革命纲领"，自己就"受中央的命令立即回来工作"。

1927年7月8日，在《汉口民国日报》发表《我们现在又注意什么呢？》一文，文章指出有人一面唱革命，一面又惊骇社会的变动，否认工农革命运动，这是欺骗群众，是假革命。文章还着重指出当前中国革命已到了一个生死关头，有可能断送在"一民主义"或"半民主义"的蒋介石、戴季陶及其同类等叛徒手上。

1927年7月13日，公开发表《辞职宣言》，斥责汪精卫一伙无耻叛变革命。7月15日汪精卫集团在武汉公开背叛革命，大肆逮捕杀害共产党人、革命人士。受汪精卫集团操纵国民党中央执委会扩大会议决定：由陈公博、陈克文分别接替邓演达的总政治部主任和中央农民部部长职务。大革命失败后，邓演达化装成检查电线的工人，沿京汉铁路至郑州，再转陕西潼关，乘苏联顾问专车车辆前往莫斯科。8月1日在中国共产党领导下的革命部队，于南昌举行反抗国民党反动派的武装起义。起义胜利后成立了中国国民党革命委员会，邓演达没有参加南昌起义，但与宋庆龄等共25人被选为革命委员会委员。

1927年9月15日，邓演达抵莫斯科。在苏联期间，他与宋床龄、陈友仁等就中国革命问题交换意见，决定成立"国民党临时行动委员会"，宗旨为向人民揭露蒋汪集团背叛革命的行径，继续执行孙中山的三民主义。11月1日接受宋庆龄、陈友仁的委托起草《对中国及世界革命民众宣言》并以他们3人名义，于莫斯科公开发表。12月离开苏联，抵达德国柏林。在此期间，他与宋庆龄（后亦抵柏林）等人继续交换对中国革命问题的意见，并与侨德的部分中国国民党人组织了一个学会，讨论有关中国问题，在德居留期间，他刻苦钻研有关历史、哲学等方面的著作。

1928 年（33 岁）7 月，由汉堡乘轮船到北极附近旅行。1929 年（34 岁）5 月 23 日致丘哲信，谈对国内军阀混战的局势的看法，信中并表示"只要有在国内工作之可能，就要回去"。6 月 30 日致丘哲信，谈论关于社会发展的动力等问题，认为社会历史的发展"是生产力发展的结果"。9 月初离开柏林，到德国南部进行考察旅行，以便从中吸取经验，指导今后行动。9 月 18 日从纽伦堡致信丘哲，说离开柏林已快 3 周时间了，消息闭塞，请丘哲及时为他提供有关新闻。10 月发表《我们对现在中国时局的宣言》一文，指出"反动的南京统治是代表中国整个的旧的反动势力"，当前的目的"不是反蒋讨蒋，而是要整个推翻军阀官僚地主豪绅的统治"，"建设一个民族的平民的统治"。10 月底在德南部游历后到巴黎。后渡海到伦敦居住。

1930 年（35 岁）2 月上旬，抵达意大利米兰。2 月下旬到保加利亚，继续作考察旅行。3 月初到土耳其首都安卡拉等地考察旅行，后又到伊拉克、印度等国考察。5 月在外国考察结束后回国。返抵上海。邓演达离开德国柏林回国前，曾与正在柏林逗留的宋庆龄说，各种反动势力"不能阻挠我追随（孙）总理的步伐，我准备牺牲生命以赴"。他返回祖国后，积极联络有关方面人士，进行筹备成立国民党临时行动委员会的活动。8 月 9 日在上海主持召开中国国民党临时行动委员会代表会，正式宣告成立中国国民党临时行动委员会（即第 3 党），表示要推翻蒋介石的反动政权，继续完成孙中山的革命事业。邓演达被选为总干事。行动委员会出版《革命行动》作为机关刊物。邓演达亲自撰写发刊词并在创刊号上发表了《中国到那里去？》《怎样去推翻反动的统治势力》等文章。9 月 1 日受中国国民党临时行动委员会的委托，起草《中国国民党临时行动委员会政治主张》，作为该会的政治纲领公开发表。9 月 15 日为中国国民党临时行动委员会撰写《中国国民党临时行动委员会对时局宣言》。9 月 20 日邓演达撰写的《第 2 国际领袖樊迪华之来华》《奉军入关与时局》《中国内战与文化问题》等文章，发表于《革命行动》第 2 期。9 月 21 日撰写《世界经济的危机与内战的中国》一文，发表在《革命行动》第 2 期。11 月 10 日撰写《南京统治的前途及我们今后的任务》一文，发表在《革命行动》第 3 期。11 月联络在上海的部分黄埔军校毕业生，组织"黄埔革命同志会"，以后再向全国扩展，以进行反蒋活动。

1931 年（36 岁）1 月 5 日，撰写《南京钦定的国民会议和我们所要求的国民会议》一文，指出"要推翻现时买办阶级与豪绅地主的联合政权，只有待决定于为建立平民政权而斗争的革命行动而努力"。春到东北以及北平、天津等地考察及联络有关人士，策动共同反蒋。4 月先后撰写《现时国际及中国的形势与我们斗争的路向》《从西班牙的政变说到南京统治的崩溃》《"五一"纪念节告工友》等文章，发表于《革命行动》第 5 期，为中国国民党临时行动委员会撰写《中国国民党临时行动委员会反对南京伪国民会议宣言》。5 月国民党内反蒋势力于广州召开国民党中央执委会非常会议，成立反蒋的国民政府，造成宁粤分裂的局面，粤方曾派人游说邓演达参加，即遭邓拒绝。6 月 25 日撰写《怎样去复兴中国革命——平民革命？》一文。7 月先后撰写了《我们为什么要推翻南京的蒋政府，我们要求的是什么？》《蒋政府必然要崩溃的原因及全国人民当前的急务》《我们夺取政权之前及之后应该做的是什么？》等文章，在上海主持开办中国国民党临时行动委员会的干部训练班，以培训反蒋力量。

1931 年 8 月 17 日，在上海愚园路为干部训练班作结业讲话，因叛徒告密，被上海租界巡捕逮捕。同时被捕的还有罗任一、金新光、邓文、张小山、李文英、黄素、云素青、黄经耀、方巨、张昌、朱凤卿、任树宣等 12 人。嗣后，许寿祥、程朴二人又在威海卫路和麦根路被捕。这天共捕 15 人，其中任树宣不满 16 岁，是二房东的儿子，与案情无关；许寿祥是厨师，朱凤卿是打错门牌闯进来的，亦与本案无关。参加这次搜捕的除邓警铭率领的淞沪警备司令部侦察队外，还有公共租界总巡捕房的中西包探。下午 3 时许，邓演达等 13 人被关进静安寺英国巡捕房一间仅一丈见方的临时囚室。1931 年 8 月 18 日上午 9 时，租界当局将邓演达等押至江苏高等法院第二分院第一法庭进行审讯。邓演达筹组的中国国民党临时行动委员会已成立一年，基层组织遍布 14 个省、市，并准备在江西发动武装起义。

他邀集黄埔军校进步学生组织的"黄埔革命同学会",成为与蒋介石嫡系组织的"黄埔同学会"相抗衡的团体,在军事上构成对南京政府很大的威胁。蒋介石对邓演达的革命活动极为嫉恨,悬赏30万元捉拿邓演达,淞沪警备司令熊式辉除密令该部侦察队缉拿邓演达和他的战友之外,还发函至上海第二特区地方法院,要求"饬捕协缉"。15日,江苏上海特区地方法院发出了"火速拘提"邓演达、沈维岳、季方三人"到法院听候审讯"的拘票。翌日解往上海龙华警备司令部。8月21日蒋介石下令将邓演达从上海押解往南京。在此期间,蒋曾派人劝邓演达放弃其政治主张,当即遭邓严词拒绝,表示"我要为中华民族维护正气"。1931年11月29日,被秘密杀害于南京麒麟门外沙子岗。12月19日宋庆龄为邓演达被害公开发表通电,强烈谴责蒋介石的卑鄙行径,指出"中国国民党早已丧失其革命集团之地位,至今已成为不可掩蔽之事实。亡国民党者,非其党外之敌人,而为其党内之领袖"。

【毛泽东评说】

毛泽东在读《新唐书》卷一百十三《徐有功传》时批注曰:"'命系庖厨',何足惜哉,此言不当。岳飞、文天祥、曾静、戴名世、瞿秋白、方志敏、杨虎城、邓演达、闻一多诸辈,以身殉志,不亦伟乎!"

——中共中央文献研究室编:《毛泽东读文史古籍批语集》,中央文献出版社1993年版,第237页。

【作者述评】

邓演达先生的一生,是革命的、战斗的一生。他是孙中山先生革命事业的最忠诚、最杰出的继承者之一,是中国国民党左派的杰出领袖之一,是中国农工民主党的创始人之一,是中国共产党的亲密战友。他从14岁参加孙中山先生组织和领导的中国同盟会到36岁牺牲的22年间,经历了艰苦卓绝的革命历程,跨越了中国旧民主主义革命和新民主主义革命的两个不同的历史时期。他追随孙中山先生参加了辛亥革命和讨伐陈炯明的斗争,成为孙中山先生的得力助手。

　　毛泽东同志称赞他是"以身殉志，不亦伟乎"的人民英雄。这句话是毛泽东读《新唐书》的《徐有功传》的批语。徐有功是唐朝武则天执政时期的执法大臣。他秉公执法，不徇私情，屡遭权贵嫉恨和诬陷，曾三次被判死刑，却守法不阿。他在一次被弹劾罢官又被起用时，给武则天写了一封奏折，其中有"命系庖厨"的话，意思是说，生活在山林里的小鹿，很难逃脱被猎杀，成为人们厨房里案板上的肉的命运。徐有功以鹿自喻，说出了作为正直不阿的执法大臣的共同命运。在毛泽东看来，为公正执法而死，以身殉志，是很伟大的。毛泽东从徐有功谈死，联想到许多古今志士、仁人，其中他想到的第一个国民党左派人物就是邓演达，可能因为1927年第一次国共合作期间，毛泽东与邓演达都在武汉工作，两人都很重视农民运动有关，所以邓演达在他心目中被国民党反动派杀害，是"以身殉志"，是很伟大的。

闻一多

【闻一多小传】

闻一多（1899年11月24日—1946年7月15日），本名闻家骅，字友三，生于湖北省黄冈市浠水县，中国现代伟大的爱国主义者，坚定的民主战士，中国民主同盟早期领导人，中国共产党的挚友，新月派代表诗人和学者。

生平经历

青年时期

闻一多生于清光绪二十五年（1899），湖北省黄冈市蕲水县（今湖北黄冈浠水）巴河镇的一个书香门第，自幼爱好古典诗词和美术。五岁入私塾启蒙，十岁到武昌就读于两湖师范附属高等小学。

1912年十三岁时以复试鄂籍第一名的成绩考入北京清华留美预备学校（清华大学前身），在清华度过了十年学子生涯。喜读中国古代诗集、诗话、史书、笔记等。入校时他的姓名是闻多，同学就用谐音的英文词widow（寡妇）给他起了绰号。那时候，闻一多的革命主张是废姓，朋友间直呼其名，潘光旦便建议他改名为一多，他从善如流，立刻笑领了。他学习刻苦，成绩优异，兴趣广泛，喜读中国古代诗集、诗话、史书、笔记等。

面对封建军阀统治的腐败、帝国主义的侵略和掠夺，闻一多忧患民情与日俱增。1914年3月14日清华园举办了一场题为"今日中国小学校能否有读经"的辩论会，是针对袁世凯为复辟帝制发布尊孔祀孔令，并将读经一科列入学校课程而发起的，闻一多担任辛丑级主辩，结果辛丑级获胜。

1915年5月9日，袁世凯为称帝，不顾全国人民反对，公然承认日本灭亡中国的"二十一条"，闻一多等一批爱国学生非常气愤，严厉抨击和揭露了主和派出卖国家的罪行。

1916年开始，闻一多在《清华周刊》上发表系列读书笔记，总称《二月庐漫记》，同时创作旧体诗，并任《清华周刊》《清华学报》的编辑和校内编辑部的负责人。

1919年，中国在巴黎和会上的失败，5月4日，北京城内学生数千人集会游行示威，火烧了曹汝霖宅赵家楼，痛殴驻日公使章宗祥，后来警察抓走了学生。清华园因在郊外，不知道城里的消息，闻一多晚上才从进城返校同学那里知道白天的消息。闻一多非常气愤，挥笔抄下了岳飞的《满江红》词，贴于学校饭厅门前，抒发了他驱逐外寇，收复河山的意志。5月5日，清华学校成立了全校"学生代表团"（即学生会）组织，领导全校的爱国运动，闻一多被选为这个组织的领导成员，后分工担任文书。此后，闻一多翻译了莫尔斯的《台湾一月记》，披露了台湾割让后，当地人民起来反抗日本霸占的经过。1919年6月16日，全国学生联合会在上海成立，闻一多是常委之一，分工编辑学联日刊。8月5日，全国学联第一次代表大会闭幕，孙中山应邀出席并发表演讲，谈了他个人十几年来的斗争体会，对学生寄予厚望。闻一多对这次与孙中山的见面终生难忘。

1919年"五四运动"的爆发，闻一多紧随校园运动的潮流，毅然投身于这一伟大斗争中，发表演说，创作新诗，并作为清华学生代表赴上海参加全国学生联合会成立大会。

闻一多酷爱文学，也热爱戏剧、美术，并积极参与各种社会活动。他所在这个年级到高等科毕业，时为辛丑年（1921），所以又称"辛丑级"。在辛丑级中，闻一多是特别活跃的分子。开学仅两个月，他便倡议成立了"课余补习会"。在成立会上，闻一多被选为副会长。不久，学会出了《课余一览》的刊物，闻一多担任主编，年仅十四岁。迄今为止发现的闻一多的第一篇论文《名誉谈》，就发表在该刊的第二期上。《名誉谈》大概内容是，反对知识分子独善其身，提倡读书人不断进取，为社会多做贡献。

1921 年 6 月，清华学校公布了赴美留学名单，闻一多打算到芝加哥美术学院。这时候，由于北洋军阀政府拖欠高等学校教师的薪水，北京教育界爆发了以李大钊、马叙伦为代表的八校教职员请愿团的正义斗争。当时面临毕业出洋的闻一多毫不犹豫地参加了声援索薪斗争。因为这件事，他被校方勒令开除，后来经过斗争虽然保住了学籍，但受到留级一年、推迟出洋的处分。这一年，闻一多写了很多诗，大部分发表在《清华周刊》的《文艺增刊》上，后来结为一集，题名《红烛》，由上海泰东书局出版。

　　1922 年春，闻一多在清华学业期满，留美前夕，他回到湖北浠水家乡，奉父母之命，与姨表妹高孝贞（后改名高贞）结婚。婚后不久，就告别了家乡和亲人，怀着艺术救国的理想，远渡重洋开始了留学生活。

赴美留学

　　1922 年 7 月，闻一多赴美国留学，先后在芝加哥美术学院、科罗拉多大学和纽约艺术学院进行学习，在专攻美术且成绩突出时，他更表现出对文学的极大兴趣，特别是对诗歌的酷爱。年底出版与梁实秋合著的《冬夜草儿评论》，代表了闻一多早期对新诗的看法。

　　1923 年 9 月出版第一部诗集《红烛》，把反帝爱国的主题和唯美主义的形式典范地结合在一起。

　　《七子之歌》是闻一多先生于 1925 年 3 月在美国留学期间创作的一组诗，共七首，包括"澳门""香港""台湾""威海卫""广州湾""九龙岛"和"旅顺，大连"。根据闻一多于 1925 年写给梁实秋的信函可知，这组诗于 3 月的某个夜晚"草成"。当年 5 月，闻一多便登上了回国的轮船。6 月，闻一多便抵达上海，结束了三年的留美学习生活，实现了他在《七子之歌》中反复吟诵的那句"母亲，我要回来，母亲"。三个月之后的一个深夜，闻一多挥笔写下了《七子之歌》，并于第二天便告知友人。以上的经历都可视作闻一多写下《七子之歌》的铺垫或者说情感积淀，也许正是由于留美期间闻一多三年辗转三个城市，其间又经历了许多波折。加之他情感丰富的内心（闻一多曾言的那句"诗人的主要天赋是爱"给世人留下的深刻印象），使得他产生了更为浓烈的思乡之情。故而他在归国前夕，效法古人，选择了七个为外虏侵占的港口，"为作歌各一章，以抒其孤苦亡告，眷恋祖国之哀忱"。一方面是替这离开祖国的七个地方抒情，另一方面，更是抒发自己的羁旅之情。例如《澳门》一章："你可知'macau'，不是我真姓，离开你太久了，母亲……"澳门回归时，闻一多诗作《七子之歌·澳门》改编的这首歌打动了无数人。可见，《七子之歌》在七十余年后，澳门回归祖国之际感动世人，是由于近一个世纪的情感积淀。这种情感是国人所共有的，所以在合适的时间地点可以点燃听者的情绪。可以说，这组诗歌就是因为闻一多成功地将多舛国运与个人羁旅感慨完美结合而脍炙人口。《诗经·国风·凯风》中记载七子的母亲有外心，七个孩子就自责自己有过失，希望母亲回心转意，诗人作《凯风》的诗来怜悯。中国自《尼布楚条约》到旅顺大连向外国租让，先后丧失的土地，离开了祖国的养育，受外国人虐待，考虑到他们的悲哀之情，要比《凯风》中描写的七子还要厉害，为此，就选择了和中华关系最密切的七块土地，各写了一首诗歌，借此来替他们抒发孤独的苦楚而无处告诉的感情，缅怀祖国的哀痛，也以此激励全国人民的兴奋感情。在诗中，闻一多以拟人手法，将我国当时被列强掠去的七处"失地"比作远离母亲的七个孩子，哭诉他们受尽异族欺凌、渴望回到母亲怀抱的强烈感情。诗歌一方面抒发了对祖国的怀念和赞美，另一方面表达了对帝国主义列强的诅咒。

回国任教

1925 年 5 月回国后，闻一多任北京艺术专科学校教务长，并从事《晨报》副刊《诗镌》的编辑工作，并在北京大学教授外国文学。

1927 年应邓演达之邀，到武汉国民革命军总政治部负责艺术股工作。不久，闻一多离开部队，到南京第四中山大学任外文系主任。1928 年 1 月出版第二部诗集《死水》，他在颓废中表现出深沉的爱国主义激情，标志着他在新诗方面所取得的进步和成就。

1928 年 3 月，他参加《新月》杂志的编辑工作，同年秋到武汉大学任文学院院长兼中文系主任。

从武汉大学开始，闻一多开始致力于中国古代文学研究。他从唐诗开始，继而上溯，由汉魏六朝诗到《楚辞》《诗经》，由《庄子》而《周易》，由古代神话而史前文学，同时对古文字学、音韵学、民俗学也下了惊人的功夫，涉猎之广，研究之深，成果之丰，郭沫若叹为：不仅前无古人，恐怕还要后无来者。

1930年秋，闻一多受聘于国立青岛大学，任文学院院长兼国文系主任。

1932年，南京国民党政府和山东地方势力的争权夺利斗争延伸到青岛大学内部，派系纷争，风潮迭起，闻一多受到不少攻击与诽谤，被迫辞职。

1932年秋，闻一多回到母校清华大学任中国文学系教授，从事中国古典文学的研究。

投身革命

1937年7月，全国抗战爆发，闻一多随校迁往昆明，任北大、清华、南开三校合并后的西南联合大学教授。面对严酷的现实，他毅然抛弃文化救亡的幻想，积极投身到抗日救亡和争民主、反独裁的斗争中。

1943年，闻一多开始得到中共昆明地下党和民主同盟的帮助，党通过不同渠道，给他送去毛泽东的《新民主主义论》等著作。他开始认识到要救中国，必须从根本上推翻帝国主义和封建军阀的统治。蒋介石《中国之命运》发表后，他说："'五四'给我的印象太深，《中国之命运》公开地向'五四'宣战，我是无论如何受不了的。"

1944年，闻一多加入中国民主同盟，后出任民盟中央执行委员、民盟云南支部宣传委员兼《民主周刊》社社长，成为积极的民主斗士。

1945年12月1日，昆明发生国民党当局镇压学生爱国运动的"一二·一"惨案，闻一多亲自为死难烈士书写挽词："民不畏死，奈何以死惧之"。出殡时，他拄着手杖走在游行队伍前列，并撰写了《"一二·一"运动始末记》，揭露惨案真相，号召"未死的战士们，踏着四烈士的血迹"继续战斗。

1946年6月29日，民盟云南支部举行社会各界招待会，他在会上宣布民盟决心响应中共的号召，坚持"民主团结、和平建国"的立场，号召"各界朋友们亲密地携起手来，共同为反内战、争民主，坚持到底！"

被枪杀遇难

1946年7月11日，民盟负责人、著名社会教育家、当年救国会"七君子"之一的李公朴，在昆明被国民党特务暗杀。闻一多当即通电全国，控诉反动派的罪行。他为《学生报》的《李公朴先生死难专号》题词："反动派！你看见一个倒下去，可也看得见千百个继起的！"

1946年7月15日，在云南大学举行的李公朴追悼大会上，主持人为了他的安全，没有安排他发言。但他毫无畏惧，拍案而起，慷慨激昂地发表了《最后一次讲演》，痛斥国民党特务，并握拳宣誓说："我们有这个信心：人民的力量是要胜利的，真理是永远存在的"，"我们不怕死，我们有牺牲精神，我们随时准备像李先生一样，前脚跨出大门，后脚就不准备再跨进大门！"下午，他主持《民主周刊》社的记者招待会，进一步揭露暗杀事件的真相。散会后，闻一多在返家途中，突遭国民党特务伏击，身中十余弹，不幸遇难。

文学成就

闻一多不光是伟大的诗人，也是一位杰出的学者，他是五四运动之后非常杰出的作家。闻一多诗学不但具有独特的现代性意义，而且富有深广的古典文化蕴含，从文学到文化的跨越是闻一多作为一个现代诗人和学者的重要特征。

在创建格律体时，闻一多提出了具体的主张，就是"三美"：诗的实力不独包括着音乐的美、绘画的美，并且还有建筑的美。音乐美是指诗歌从听觉方面来说表现的美，包括节奏、平仄、重音、押韵、停顿等各方面的美，要求和谐，符合诗人的情绪，流畅而不拗口——这一点不包括为特殊效果而运用声音。

绘画美是指诗歌的词汇应该尽力去表现颜色，表现一幅幅色彩浓郁的画面。

建筑美是指针对自由体提出来的，指诗歌每节之间应该匀称，各行诗句应该一样长——这一样长不是指字数完全相等，而是指音尺数应一样多，这样格律诗就有一种外形的匀称均齐。

《最后一次演讲》

这几天，大家晓得，在昆明出现了历史上最卑劣最无耻的事情！李先生究竟犯了什么罪，竟遭此毒手？他只不过用笔写写文章，用嘴说说话，而他所写的，所说的，都无非是一个没有失掉良心的中国人的话！大家都有一支笔，有一张嘴，有什么理由拿出来讲啊！有事实拿出来说啊！（闻先生声音激动了）为什么要打要杀，而且又不敢光明正大的来打来杀，而偷偷摸摸的来暗杀！（鼓掌）这成什么话？（鼓掌）今天，这里有没有特务？你站出来！是好汉的站出来！你出来讲！凭什么要杀死李先生？（厉声，热烈地鼓掌）杀死了人，又不敢承认，还要诬蔑人，说什么"桃色事件"，说什么共产党杀共产党，无耻啊！无耻啊！（热烈地鼓掌）这是某集团的无耻，恰是李先生的光荣！李先生在昆明被暗杀，是李先生留给昆明的光荣！也是昆明人的光荣！（鼓掌）

去年"一二·一"昆明青年学生为了反对内战，遭受屠杀，那算是青年的一代献出了他们最宝贵的生命！现在李先生为了争取民主和平而遭受了反动派的暗杀，我们骄傲一点说，这算是像我这样大年纪的一代，我们的老战友，献出了最宝贵的生命！这两桩事发生在昆明，这算是昆明无限的光荣！（热烈地鼓掌）

反动派暗杀李先生的消息传出以后，大家听了都悲愤痛恨。我心里想，这些无耻的东西，不知他们是怎么想法，他们的心理是什么状态，他们的心怎样长的！（捶击桌子）其实简单，他们这样疯狂地来制造恐怖，正是他们自己在慌啊！在害怕啊！所以他们制造恐怖，其实是他们自己在恐怖啊！特务们，你们想想，你们还有几天？你们完了，快完了！你们以为打伤几个，杀死几个就可以了事，就可以把人民吓倒了吗？其实广大的人民是打不尽的，杀不完的！要是这样可以的话，世界上早没有人了。

你们杀死一个李公朴，会有千百万个李公朴站起来！你们将失去

闻一多

千百万的人民！你们看着我们人少，没有力量？告诉你们，我们的力量大得很，强得很！看今天来的这些人都是我们的人，都是我们的力量！此外还有广大的市民！我们有这个信心：人民的力量是要胜利的，真理是永远是要胜利的，真理是永远存在的。历史上没有一个反人民的势力不被人民毁灭的！希特勒，墨索里尼，不都在人民之前倒下去了吗？翻开历史看看，你们还站得住几天！你们完了，快了！快完了！我们的光明就要出现了。我们看，光明就在我们眼前，而现在正是黎明之前那个最黑暗的时候。我们有力量打破这个黑暗，争到光明！我们光明，恰是反动派的末日！（热烈地鼓掌）

现在司徒雷登出任美驻华大使，司徒雷登是中国人民的朋友，是教育家，他生长在中国，受的美国教育。他住在中国的时间比住在美国的时间长，他就如一个中国的留学生一样，从前在北平时，也常见面。他是一位和蔼可亲的学者，是真正知道中国人民的要求的，这不是说司徒雷登有三头六臂，能替中国人民解决一切，而是说美国人民的舆论抬头，美国才有这转变。

李先生的血不会白流的！李先生赔上了这条性命，我们要换来一个代价。"一二·一"四烈士倒下了，年轻的战士们的血换来了政治协商会议的召开；现在李先生倒下了，他的血要换取政协会议的重开！（热烈地鼓掌）我们有这个信心！（鼓掌）

"一二·一"是昆明的光荣，是云南人民的光荣。云南有光荣的历史，远的如护国，这不用说了，近的如"一二·一"，都属于云南人民的。我们要发扬云南光荣的历史！（听众表示接受）

反动派挑拨离间，卑鄙无耻，你们看见联大走了，学生放暑假了，便以为我们没有力量了吗？特务们！你们看见今天到会的一千多青年，又握起手来了，我们昆明的青年决不会让你们这样蛮横下去的！

反动派，你看见一个倒下去，可也看得见千百个继起的！

正义是杀不完的，因为真理永远存在！（鼓掌）

历史赋予昆明的任务是争取民主和平，我们昆明的青年必须完成这任务！

我们不怕死，我们有牺牲的精神！我们随时像李先生一样，前脚跨出大门，后脚就不准备再跨进大门！（长时间鼓掌）

【毛泽东评说】

毛泽东在读《新唐书》卷一百十三《徐有功传》时批注曰："'命系庖厨'，何足惜哉，此言不当。岳飞、文天祥、曾静、戴名世、瞿秋白、方志敏、杨虎城、邓演达、闻一多诸辈，以身殉志，不亦伟乎！"

——中共中央文献研究室编：《毛泽东读文史古籍批语集》，中央文献出版社 1993 年版，第 237 页。

1949 年 8 月 18 日，毛泽东写的《别了，司徒雷登》一文中说："我们中国人是有骨气的。许多曾经是自由主义者或民主个人主义者的人们，在美帝国主义者及其走狗国民党反动派面前站起来了。闻一多拍案而起横眉怒对国民党的手枪，宁可倒下去，不愿屈服。朱自清一身重病，宁可饿死，不领美国的'救济粮'。唐朝的韩愈写过《伯夷颂》，颂的是一个对自己国家人民不负责任、开小差逃跑，又反对武王领导的当时的人民解放战争，颇有些'民主个人主义'思想的伯夷，那是颂错了。我们应该写闻一多颂，写朱自清颂，他们表现了我们民族的英雄气概。"

——《毛泽东选集》，第四卷，人民出版社 1991 年版，第 1495—1496 页。

1946 年 7 月 17 日，毛泽东同朱德致电在昆明被国民党特务暗杀的闻一多的家属："惊悉一多先生遇害，至深哀悼。先生为民主而奋斗，不屈不挠，可敬可佩。今遭奸人毒手，全国志士必将继先生遗志，再接再厉，务使民主事业克敌于成，特电致唁。"

——中共中央文献研究室编：《毛泽东年谱》（1893—1949），下册，人民出版社、中央文献出版社 1993 年版，第 111 页。

【作者述评】

闻一多（1899 年 11 月 24 日—1946 年 7 月 15 日），本名闻家骅，字友三，生于湖北省黄冈市浠水县，中国现代伟大的爱国主义者，坚定的民主战士，中国民主同盟早期领导人，中国共产党的挚友，新月派代表诗人和学者。1946年7月15日在云南昆明被国民党特务暗杀。1946年7月17日，中共中央毛泽东主席同中国人民解放军总司令朱德就联名致电在昆明的闻一多先生的家属，表示"至深哀悼"。并高度赞扬闻一多先生"先生为民主而奋斗，不屈不挠，可敬可佩"。

1949年8月18日，毛泽东写的《别了，司徒雷登》一文中说："我们中国人是有骨气的。许多曾经是自由主义者或民主个人主义者的人们，在美帝国主义者及其走狗国民党反动派面前站起来了。闻一多拍案而起横眉怒对国民党的手枪，宁可倒下去，不愿屈服。"把闻一多作为"中国人是有骨气的"的一个例证。

毛泽东在读《新唐书》卷一百十三《徐有功传》时批注曰："'命系庖厨'，何足惜哉，此言不当。岳飞、文天祥、曾静、戴名世、瞿秋白、方志敏、杨虎城、邓演达、闻一多诸辈，以身殉志，不亦伟乎！"

毛泽东同志称赞闻一多是"以身殉志，不亦伟乎"的人民英雄。这句话是毛泽东读《新唐书》的《徐有功传》的批语。徐有功是唐朝武则天执政时期的执法大臣。他秉公执法，不徇私情，屡遭权贵嫉恨和诬陷，曾三次被判死刑，却守法不阿。他在一次被弹劾罢官又被起用时，给武则天写了一封奏折，其中有"命系庖厨"的话，意思是说，生活在山林里的小鹿，很难逃脱被猎杀，成为人们厨房里案板上的肉的命运。徐有功以鹿自喻，说出了作为正直不阿的执法大臣的共同命运。在毛泽东看来，为公正执法而死，以身殉志，是很伟大的。毛泽东从徐有功谈死，联想到许多古今志士、仁人，其中他想到的一个国民党时期的一个文人物是闻一多。在毛泽东心目中闻一多被国民党反动派杀害，是"以身殉志"，是很伟大的。

朱自清

【朱自清小传】

朱自清（1898年11月22日—1948年8月12日），原名自华，号秋实，后改名自清，字佩弦，原籍浙江绍兴，出生于江苏省东海县（今连云港市东海县平明镇），现代杰出的散文家、诗人、学者、民主战士。

朱自清之名是他1917年报考北京大学时改用的，典出《楚辞·卜居》"宁廉洁正直以自清乎"，意思是廉洁正直使自己保持清白。朱自清选"自清"作为自己的名字，其意是勉励自己在困境中不丧志，不同流合污，保持清白。他同时还取字"佩弦"。"佩弦"出自《韩非子·观行》"董安于之性缓，故佩弦以自急"，意为弓弦常紧张，性缓者佩弦以自警。他著名的诗集有《踪迹》，散文《背影》《你我》《荷塘月色》《匆匆》等都是脍炙人口的名篇。文艺论著有《诗言志辨》《论雅俗共赏》等，还有《绿》《春》等。古典文学研究专著有《经典常谈》《诗言志辨》《陶渊明年谱中之问题》《李贺年谱》及古典文学作品欣赏、评述和有关中国古典文学研究专著的书评等。

人物生平

朱自清祖父朱则余为当地承审官，父亲朱鸿钧，母亲周氏。六岁那年随家人迁居扬州，他在那里度过了童年和少年时期，继承了父辈的家学渊源。

1901年朱自清随父母迁居江都县邵伯镇。1903年又迁回扬州。朱自清在扬州安乐巷29号度过了青年时期，遂自称为"扬州人"。

1912 年朱自清进入江苏省立第八中学（今扬州中学）学习。

1916 年朱自清中学毕业并成功考入北京大学预科，1917 年升入本科哲学系。在北大期间，朱自清积极参加"五四"爱国运动，嗣后又参加北大学生为传播新思想而组织的平民教育讲演团。同年与武仲谦结婚。

1919 年朱自清开始发表诗歌，作为新文学运动初期的诗人之一，他以清新明快的诗作，在诗坛上显出自己的特色。1919 年 2 月出版他的处女作诗集《睡吧，小小的人》。

1920 年朱自清修完课程，北京大学哲学系提前毕业。毕业后，先在杭州第一师范，后回到母校江苏省立第八中学（今扬州中学）教授国文、哲学，并任教学主任。继续参加新文学运动，成为文学研究会的早期会员。还参与发起新文学史上第一个诗歌团体"中国新诗社"和创办第一个诗歌杂志《诗》月刊等工作，支持由青年学生组成的湖畔诗社及晨光文学社的活动，为开拓新诗的道路付出了辛勤的劳动。

1921 年朱自清参加文学研究会，是"五四"时期重要的作家之一。

1922 年商务印书馆出版了文学研究会 8 位诗人的合集《雪朝》第一集，内收朱自清的诗作 19 首。

1923 年朱自清发表了近 300 行的抒情长诗《毁灭》，表明自己对生活的严肃思考和"一步步踏在土泥上，打上深深的脚印"，这种进取不懈的人生态度，在当时有较大影响。

1924 年，朱自清诗和散文集《踪迹》出版。1925 年，朱自清任清华大学中文系教授，开始从事文学研究，创作方面则转为以散文为主。

1928 年 8 月，朱自清第一本散文集《背影》出版，集中所作，均为个人真切的见闻和独到的感受，并以平淡朴素而又清新秀丽的优美文笔独树一帜。1929 年 11 月 26 日，其夫人武钟谦在扬州病逝，对他打击很大。

1931 年 4 月，朱自清结识陈竹隐女士。1931 年 8 月，朱自清留学英国，进修语言学和英国文学；后又漫游欧洲五国；1932 年 7 月回国，任清华大学中国文学系主任，与闻一多等同事一起论学。

1932 年 8 月 20 日，朱自清携陈竹隐回扬州省亲。朱自清和他的第二任妻子在上海举办婚礼。1932 年 8 月底，朱自清赴欧洲游学。

1934 年，朱自清出版《欧游杂记》和《伦敦杂记》，是用印象的笔法写成的两部游记。

1935 年朱自清编辑《〈中国新文学大系〉诗集》并撰写《导言》。翌年出版散文集《你我》，其中，《给亡妇》娓娓追忆亡妻武钟谦生前种种往事，情意真挚，凄婉动人。这一时期，朱自清散文的情致虽稍逊于早期，但构思的精巧、态度的诚恳仍一如既往，文学的口语化则更为自然、洗练。

抗日战争爆发后，朱自清随清华大学南下长沙，1938 年 3 月到昆明，任北京大学、清华大学、南开大学合并的西南联合大学中国文学系主任，并当选为中华全国文艺界抗敌协会理事。抗日战争的艰苦岁月里，他以认真严谨的态度从事教学和文学研究，曾与叶圣陶合著《国文教学》等书。

1945 年抗战胜利后，国民党政府发动内战，镇压民主运动。1946 年 7 月，好友李公朴、闻一多先后遇害，更使他震动和悲愤。于是他出席成都各界举行的李、闻惨案追悼大会，并报告闻一多生平事迹。

1946 年 10 月，朱自清从四川回到北平，于 11 月担任"整理闻一多先生遗著委员会"召集人。

1946 年 10 月，经过漫长曲折的道路，在黑暗现实的教育和爱国民主运动的推动下，朱自清成为革命民主主义战士。在反饥饿、反内战的实际斗争中，他身患重病，签名于《抗议美国扶日政策并拒绝领取美援面粉宣言》，并嘱告家人不买配售面粉，始终保持着一个正直的爱国知识分子的气节和情操。

1948 年 8 月 12 日，朱自清因患严重的胃病（严重的胃溃疡导致的胃穿孔），不幸逝世，享年 50 岁。

朱自清实死于严重的胃溃疡。这种病的起因与生活的颠沛流离有关，日寇侵华中朱自清所服务的清华大学曾几经搬迁；战时教授们的生活水准大大降低，这也是容易引发胃病的重要因素。

查阅朱自清的日记，可以看到，即使是在被公认生活最困难的西南联大时期，他还是经常会有饭局，而且隔三差五就会和朋友们在一起打打桥牌，很难想象，一个空着肚子的人会有心思和闲暇去斗这样的巧智。可以认为，虽然当时的知识分子处境不佳，但和大多数底层百姓相比，他们的基本生活还是有保障的，更不用说像朱自清这样名牌大学的教授。

胃溃疡这种病对进食有很多禁忌，既要禁吃某些食品，更不能多吃，稍不注意，就会呕吐，使胃大受折磨。朱自清的日记也证明了这一点。翻开 1948 年的日记，我们没有看到他为食物短缺而苦的记载，相反，多的倒是下面一些文字："饮藕粉少许，立即呕吐"；"饮牛乳，但甚痛苦"；"晚食过多"；"食欲佳，终因病患而克制"；"吃得太饱"；……就在他逝世前 14 天的 1948 年 7 月 29 日，也就是他在拒领美国"救济粮"宣言上签名后的第 11 天，他还在日记里提醒自己："仍贪食，需当心！"

文学成就

散　文

朱自清的散文，一是以写社会生活抨击黑暗现实为主要内容的一组散文；二是叙事性和抒情性的小品文，主要描写个人和家庭生活，表现父子、夫妻、朋友间的人伦之情，具有浓厚的人情味；三是以写自然景物为主的一组借景抒情的小品文，是其代表佳作，伴随一代又一代人喜怒哀乐。后两类散文，是朱自清写得最出色的，其中《背影》《荷塘月色》更是脍炙人口的名篇。其散文素朴缜密、清隽沉郁，以语言洗练、文笔清丽著称，极富有真情实感。

朱自清在散文史上的贡献是多方面的。他是新文学初期继冰心之后又一位突出的小品文作家，以他"美文"创作的实绩，打破了复古派认为白话不能作"美文"的迷信；他在古典文学的础石之上和"五四"中西文化交流的背景之下，创造了具有中华民族特性的散文体制与风格；尤其是他具有极高艺术成就的散文作品，为白话美文提供了典范，为培养文学青年和繁荣散文创作提供了宝贵的艺术经验。

朱自清散文，追求一个"真"字，以真挚的感情，写自己的所见所闻所思所感，求得逼真的艺术效果。"真"是朱自清散文的艺术核心。讲真话，写真情，描绘实景，是他散文艺术的最高成就。

1928 年到 1931 年这一时期，朱自清的散文着力于揭示社会的黑暗、军阀的暴行和帝国主义的罪恶，对被压迫者、被损害者充满了热爱和同情，表现出他反帝反封建的民主主义思想、爱国主义的热情、人道主义的精神和正直诚实的性格。朱自清写得更多、也最为人们称道的则是写景抒情的篇什。这一类散文在艺术上呈现出多样而又统一的风格。记述秦淮河风光的《桨声灯影里的秦淮河》，抒写静夜里独自漫步池边的《荷塘月色》，是文情并茂、脍炙人口的绝佳名篇。这些满贮着诗意的散文，于新异独得的观察和委婉有致的描写之中，寄寓着大革命失败后他在黑暗现实面前怅然若失的寂寥和郁闷。《背影》则以朴实无华的文字、真挚强烈的感情描写了家庭遭到变故，父亲到车站送别远行的儿子这一极富情味的动人场景，"做到了文质并茂，全凭真感受真性情取胜"（叶圣陶《朱自清新选集序》）。朱自清以其散文的娴熟高超的技巧和缜密细致的风格，显示了新文学的艺术生命力，被公认为新文学运动中成绩卓著的优秀散文作家。

诗　歌

朱自清的诗，尽管数量不多，却在思想和艺术上呈现出一种纯正朴实的新风格。其中如《光明》《新年》《煤》《送韩伯画往俄国》《群羊》《小舱中的现代》等，或热切地追求光明，憧憬未来，或有力地抨击黑暗的世界，揭露血泪的人生，洋溢着反帝反封建的革命精神，是初期新诗中难得的作品。

1941 年，正处抗日战争中，西南联大设立叙永分校。借叙永春秋祠后院以作教室。朱自清先生来叙永小住，朱自清先生是与李铁夫志趣相投的朋友。1941 年 10 月，朱自清先生赴昆明西南联大，途经叙永，曾住李铁夫家多日，相聚甚欢，临别赠诗二首，李铁夫藏之多年。

朱自清在离开叙永前往昆明途中，写了一首《发叙永，车中寄铁夫》诗寄赠热情好客的好友李铁夫。诗云："堂庑恢廓盘餐美，十日栖迟不忆家。忽报飙轮迎户外，遂教袯被去天涯。整装众手争俄顷，握别常言乘一哗。如此匆匆奈何许，登车回首屡长嗟。"诗中表达了朱自清对李铁夫家居住环境和饮食的赞美，并且因为友谊深厚产生了"不忆家"的感觉。虽然当时是战乱时期，但叙永的友人们给了朱自清家非同一般的温暖。

【毛泽东评说】

1949 年 8 月 18 日，毛泽东在《别了，司徒雷登》一文中写道："我们中国人是有骨气的。许多曾经是自由主义者或民主个人主义者的人们，在美国帝国主义者及其走狗国民党反动派面前站起来了。闻一多拍案而起，横眉怒对国民党的手枪，宁可倒下去，不愿屈服。朱自清一身重病，宁可饿死，不领美国的'救济粮'。""我们应当写闻一多颂，写朱自清颂，他们表现了我们民族的英雄气概。"

——《毛泽东选集》，第四卷，人民出版社 1991 年版，第 1499 页

【作者述评】

自清先生是旧时代知识分子中的典型人物，他曾经是自由主义者，他不大喜欢参加政治活动，特别是比较激烈、斗争性较强的政治活动。但是，他具有正义感，随着国民党和美帝国主义对中国人民奴役、压迫的加强，和向中国人民的武装挑衅、屠杀、镇压，他毕竟忍受不住了。他说话了，行动了，通过文化生活、朗诵诗歌和扭秧歌，表明了他的态度。他明辨是非，爱憎分明，在衰病的晚年，终于有了明确的立场，抬起头来，挺起脊梁，宁肯饿死，坚决拒绝敌人的"救济"，这种品德、这种气节，是值得我们今天学习的。

1949 年 8 月 18 日，毛泽东在《别了，司徒雷登》一文中写道："我们中国人是有骨气的。许多曾经是自由主义者或民主个人主义者的人们，在美国帝国主义者及其走狗国民党反动派面前站起来了。唐朝的韩愈写过《伯夷颂》，颂的是一个对自己国家人民不负责任、开小差逃跑，又反对武王领导的当时的人民解放战争，颇有些'民主个人主义'思想的伯夷，那是颂错了。我们应当写闻一多颂，写朱自清颂，他们表现了我们民族的英雄气概。"毛泽东同志赞扬了闻一多、朱自清的骨气。这种品德、这种气节，是值得我们今天学习的。他们是我们后世人学习的榜样。

后　记

本书是应中国文史出版社有限公司约请撰写的《毛泽东谈文论史全编》之一种。历时数月，终于完稿了，我如释重负。作为主持者，我觉得有些问题需要向读者作一交代。

首先，本书收入的毛泽东评点的古今志士仁人共十人，其中古代四人，就是岳飞、文天祥、曾静、戴名世，今人六人，即瞿秋白、方志敏、杨虎城、邓演达、闻一多、朱自清。其来源见于毛泽东读《新唐书·徐有功传》的批语和毛泽东写的《别了，司徒雷登》一文。

其次，本书是集体创作，题目由本人选定后，由十余位同志执笔撰写。这些同志有：毕桂发、毕东民、毕国民、毕英男、毕晓莹、毕维翰、刘磊、赵庆华、赵玉玲、朱东方、许娜。修改、定稿则由本人独立完成。多人撰稿，水平难免参差不齐；一人统稿，难免模式单一，这些缺点是可以预见的，敬希见谅！

最后，在本书的撰写过程中，我们认真地研读了相关的毛泽东著作，也参阅了大量有关的研究专著和文章，在此一并致谢！

毕桂发

2023 年冬